父母是孩子最好的玩具

你的亲子关系价值千万

薛莎莎 ◎ 著

文匯出版社

图书在版编目 (CIP) 数据

父母是孩子最好的玩具 / 薛莎莎著. — 上海：文汇出版社, 2020.7
　ISBN 978-7-5496-3197-1

Ⅰ. ①父… Ⅱ. ①薛… Ⅲ. ①亲子关系 - 家庭教育 Ⅳ. ① G782

中国版本图书馆 CIP 数据核字（2020）第 075890 号

父母是孩子最好的玩具

著　　者 / 薛莎莎
责任编辑 / 戴　铮
装帧设计 / 天之赋工作室

出版发行 / 文汇出版社
　　　　　上海市威海路 755 号
　　　　　（邮政编码：200041）

经　　销 / 全国新华书店
印　　制 / 三河市龙林印务有限公司
版　　次 / 2020 年 7 月第 1 版
印　　次 / 2020 年 7 月第 1 次印刷
开　　本 / 880×1230　1/32
字　　数 / 118 千字
印　　张 / 7

书　　号 / ISBN 978-7-5496-3197-1
定　　价 / 38.00 元

父母对孩子的深度陪伴，就是孩子最好的"玩具"

许多父母在得知玩具对孩子的智力发展有益后，就为孩子买各种各样的玩具，一方面希望孩子在玩玩具的过程中智力得到开发，另一方面也解放了自己，觉得这是一举两得的好方法。

事实上，孩子真正需要的并不是玩具，而是父母的陪伴，父母才是孩子最好的玩具。父母只有及时关注孩子，捕捉他的情绪，了解他的想法，回应他的诉求，才有助于他形成好的性格，让他受益终身。

性格决定命运，人的性格与自己的前途、命运是紧密相关的。性格好，处理问题的方法得当，人生就会更加顺遂。因此，父母应该把培养孩子的好性格作为教育过程的重中之重。

那么，孩子的性格是怎样形成的呢？虽然从遗传学的角度来说，孩子的性格有难以改变的先天部分，但绝大多数还是后天形成的。换言之，孩子的性格可以通过后天教育来影响和塑造，而0～3岁正是塑造孩子性格的黄金期。

科学研究表明，人的智力和性格在0～3岁之前会完成60%，在3～6岁之间完成80%，6～8岁之间完成90%，8岁以后发展就会非常缓慢，13岁之后大脑发育最敏感的时期就结束了。

由此可见，0～3岁这一时期是关键时期，而孩子性格的养成主要源于与父母之间的互动。所以，父母应该及时把握住孩子性格形成的黄金时期，变成孩子最好的玩具，陪伴孩子成长。否则，孩子年龄越大，培养或纠正他的行为习惯就会越麻烦。

在0～3岁这个时期，对孩子真正的教育并不是技能培养，比如让孩子学习数字、背诵诗词等，而应该注重人文教育，尤其是对孩子性格的培养——培养孩子自信、乐观、坚强等，让孩子懂得去主动与人交流，承担责任，具有克服困难的勇气等，这些才是孩子成长过程中最重要的事情。

但是，这些好品质的养成，不是一朝一夕就可以完成的，而是在"人之初"时就要给予潜移默化的培养。所以，作为孩子最好的玩具，父母应该停下匆忙的脚步，用心陪伴孩子，尤其要站好"孩子0～3岁"这一关键性格养成期的重要一班岗。

目 录
Contents

第一章 自信：
你的关注点，孩子的闪亮点

- 别让孩子把"我不行"挂在嘴上 / 002
- 家长的信任是对孩子最大的肯定 / 006
- 自尊这件大事 / 010
- 你的孩子也是"别人家的孩子" / 014
- 赏识教育才是王道 / 018
- 先制定一个"小目标" / 022
- 你的关注点，孩子的闪亮点 / 025

第二章 乐观：
遇见孩子，遇见更好的自己

- 孩子需要家庭幸福感 / 030
- 谁的成长没阻挡 / 034
- 兴趣在左，爱好在右 / 038
- 幽默可以变成一种习惯 / 042
- 遇见孩子，遇见更好的自己 / 046
- 不抱怨的世界 / 051

第三章 独立：
让孩子独立的自我管理课

- 今天的独立，决定明天的成绩 / 056
- 如何做，孩子才愿意分床 / 060
- "手抓饭"也很香 / 064
- 让孩子独立的自我管理课 / 068
- 别做控制型家长 / 072
- 小帮手也是好帮手 / 076
- 别在该放手时选择包办代替 / 079

第四章 自律：
你的自控力，决定孩子的自律力

- 童年不只在动画片里 / 084
- 玩具 VS 自制力 / 088
- 别让坏脾气毁了孩子 / 091
- 读懂孩子的心 / 095
- 不要打断我 / 099
- 正面管教：哭闹不是武器 / 102
- 你的自控力，决定孩子的自律力 / 107

第五章 勇敢：
培养内心强大的孩子

- 捕捉儿童怕黑敏感期 / 112
- 陪孩子一起拆卸玩具 / 116
- 父母有力量，孩子不慌张 / 120
- 硬核父母的智慧：不限制孩子捣乱 / 123
- 让孩子受益一生的训练：表现自己 / 127
- 父母是孩子最好的老师 / 130
- 逆商课：培养内心强大的孩子 / 134
- 孩子不是吓大的 / 138

第六章 责任：
没有教不好的孩子，只有不会教的父母

- 没有教不好的孩子 / 143
- 教会孩子的动手能力要趁早 / 146
- 小动物养成记 / 150
- 你的责任，为什么我来承担 / 153
- 你推卸责任的样子很难看 / 157
- 孩子的道歉，家长千万别代替去做 / 160

第七章 善良：
刚刚好的养育

- 同情心的启发方法 / 166
- 培养孩子的同理心 / 170
- 滚开，暴力君 / 175
- 刚刚好的养育 / 179
- 让孩子学会主动帮助别人 / 183

第八章 开朗：
拥有表达力，人生不费力

- 让孩子爱上表达 / 189
- 别让害羞害了孩子 / 193
- 成长离不开分享 / 197
- 这样教孩子打招呼 / 200
- 给孩子建立一个"朋友圈" / 204
- 纠正孩子说脏话的坏习惯 / 208
- 社交课，孩子的必修课 / 211

第一章

自信：
你的关注点，孩子的闪亮点

许多家长都有一个共同的烦恼，那就是自己的孩子缺乏自信心。而0~3岁这一阶段，正是孩子自信心形成的关键时期。

自信心是孩子成功和成才的基本条件，拥有自信心可以让孩子不畏困难、积极尝试挑战自己，以获得更多的人生体验。

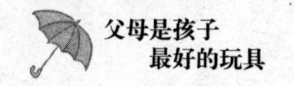

别让孩子把"我不行"挂在嘴上

许多家长都发现,孩子常常会把"我不会""我不行""妈妈,还是你来做吧"这些话挂在嘴边,一点儿自信也没有。有的孩子在家里表现尚好,一到人多的地方就事事退缩。其实,这些都是孩子不自信的表现。

欢欢刚上幼儿园,长得可爱,也很招人喜欢,但不知道为什么她就是对自己没有信心。

欢欢平时在家里唱歌唱得挺好的,但在幼儿园却不敢当众唱歌,总是推说:"我不会。"老师经常向欢欢妈妈反映这一点。欢欢妈妈也注意到了,就经常鼓励孩子,但是效果很差。

有一次过春节,全家人聚在一起,大家商议后决定每个人表演一个节目。先是爷爷给大家出了一个谜语,接着爸爸妈妈合唱了一首歌。轮到欢欢时,她一改平时活跃的样子，低头不语，借口去小便，小便回来后又说眼睛不舒服，反正就是找各种理由推托不表演。

欢欢不只是不敢当众表演，平时教她自己穿衣服，她也一直说"我不会"。好不容易自己会穿衣服了，妈妈又教她穿鞋，可是教完以后她还是说："我不会，我不会。"真拿她没办法。

有的孩子会对任何新鲜事物都感到害怕。比如，在幼儿园里，老师教小朋友做手工或绘画的时候，他总是躲在后面不动手，看着别的孩子玩；在家里，家长让他做什么，他都会说"我不会"。

还有的孩子只肯在家人面前表现，一旦到了外人面前便什么都不敢了；有的孩子平时在家人面前唱歌、背诗、数数都挺好的，家里来客人了就会躲起来。

不自信是一种消极情绪。如果孩子觉得自己某方面不行，由此产生的自卑心理很可能让他对其他方面的能力也失去信心，最后造成的结果就是，孩子各方面的能力都落伍了。

不过，孩子的不自信是可以改变的，家长在发现问题后，只要采取正确的方法就能帮助孩子建立自信。

在纠正孩子不自信的行为前，家长不妨先来了解一下根本原因，如此才能对症下药。

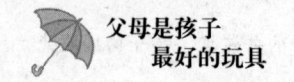

对于 0～3 岁的孩子来说，自信心在相当程度上会受到父母关系的影响。如果家长平时只容得下孩子做得好的事情，而对孩子做得不好的事情总是严厉苛责，那么时间长了，孩子自然会强迫自己无论做什么都一定要做好才行，一旦做不好，自责、自卑心理便会产生。

个别孩子相对于其他孩子来说，能力较弱，如记忆力不好，其他同学一下子就能记住的东西，他要花费很长时间才能记住，由此常常被同学嘲笑；有的孩子不敢跟别的小朋友玩，总是一个人坐在角落里；还有的孩子肢体协调能力差，上体育课和舞蹈课时动作总是做不标准，自己也常常因此而感到失落……这样，他们在一些能力较强的孩子面前常常会自愧不如，从而产生自卑心理。

很明显，自卑是一种性格缺陷。虽然随着年龄的增长，有些孩子的自卑心理会逐渐消失，但是，更多的孩子如果不对其自卑心理加以改善，对他的危害是很大的。

所以，家长应该重视孩子的心理发育，一旦发现孩子出现自卑的苗头就要及早帮他调整，帮他树立自信。

[情感引导]

1. 多给孩子鼓励和肯定

3岁的孩子虽然小,但是也在意别人对他的看法,尤其是父母对他的评价。如果孩子感到父母爱他并且尊重他,他做事情时就会比较有自信。比如,孩子做事时,多用欣赏的眼光看他;发现孩子进步时,多给予他言语上的肯定和鼓励。此外,还可以用实际行动支持孩子,这样,孩子做事就会越来越有自信。

反之,父母总对孩子投来怀疑的目光,孩子就会自卑。

2. 帮孩子驱逐失败的阴影

3岁孩子做事的能力和经验都不足,所以在生活中难免会遇到挫折,而失败的阴影是产生自卑的温床。所以,父母应及时了解孩子的心理变化,帮助孩子及时驱逐心里的阴影,进而克服自卑。

比如,孩子没搭好积木,这时家长不应该嘲笑他笨——要知道,小小的失败已经在他心里留下了阴影,如果家长再嘲笑他,他的自信心就会跌到谷底。

家长应该帮助孩子分析为什么没搭好。比如,是不是搭建得太高了,稳定性不好等,让孩子从中吸取教训、总

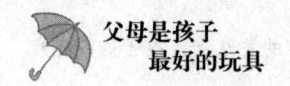

结经验。这样,这次失败的经历就不会在孩子的心里留下阴影,反而会让他从中学到做事情的正确方法。

3. 对孩子的要求要适当

3岁孩子有很多技能都不具备,有些事情做不好很正常。因此,家长应该降低对孩子的要求,不能要求孩子把一切事情都做好。

孩子在做事过程中确实取得了进步,家长就要及时表扬和鼓励;如果孩子做不好,家长也要多关心和安慰,帮助他找出原因,让他慢慢掌握正确的思考和做事的方法。

当孩子的能力一步步提高时,他的自信心也会逐渐建立起来。

▶ 家长的信任是对孩子最大的肯定

情商专家分析说,家长信任孩子的能力,就能够激发孩子的潜力。所以,家长要在孩子小时候就给予他充分的信任,让他的能力和品质得以发展,从而积聚自信,活出从容自在的人生。

幼儿园放学时,乐乐带回来一朵小红花,妈妈看见了,问:"这朵小红花是谁的?"乐乐说:"是我的。"妈妈问:"谁给你的?""老师。"乐乐答道。

"是因为你表现得好,老师才给你的吗?""是。"乐乐有些不自信地看着妈妈。

妈妈看了看乐乐,觉得他有些紧张,就故意装作漫不经心地说:"是吗?你不是把其他小朋友的小红花拿回来了吧?"

听到妈妈这么说,乐乐突然哇的一声哭了,大声喊道:"不是!"

面对乐乐的反应,妈妈有点儿不知所措,急忙解释说:"妈妈不是不相信你,妈妈就是问问。"

但是很明显,乐乐还是很不高兴。幸亏爸爸在旁边打圆场说:"接乐乐时,王老师说我们乐乐最近表现得特别好,就奖励了一朵小红花,爸爸妈妈真替你高兴。"乐乐的脸上这才有了笑容。

在生活中,我们都有这样的感觉,就是当自己被充分信任时,浑身上下会充满力量和自信,也有很强的动力去做任何事。其实,孩子也是这样,他是通过大人的反馈来

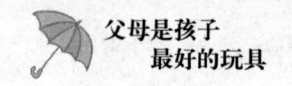

认识、了解自己的。

0~3岁的孩子，接触最多的人就是父母，最依赖的人也是父母。所以，孩子特别在意父母对自己的看法。

著名成功学家卡耐基说："千万不要取笑孩子的野心，对孩子来说，这种取笑是极具杀伤力的。"但是在生活中，许多父母会不经意间嘲笑孩子。比如，经常会对孩子说："小孩子不懂事，别瞎掺和。""你懂什么？""不用试了，那样肯定不行！"

如果孩子得到的反馈是自己值得信任、是自己有能力，那么他就会唤醒自己内在的力量去发展这样的能力。时间久了，孩子解决问题的能力自然而然就会得到提高，自信心也会提升。

[情感引导]

1. 不要剥夺孩子锻炼的机会

在生活中，许多家长总是觉得0~3岁的孩子还小，什么都不会做，就算做也做不好，所以干脆包办代替孩子做一切事情。

要知道，包办代替也是不相信孩子能力的一种表现，因此父母要改变这种观念，只要是孩子能够做的事情，就要支持孩子去做。孩子做得不好也很正常，关键问题是要树立孩子动手的自信心。

比如，孩子爬台阶的时候，有时候可能爬两个台阶就习惯性地伸手让家长拉他。这时候，家长可以延迟一下，鼓励孩子说："妈妈相信你，你再试试看。"这样孩子受到鼓舞，就会自己再向上爬。如果怕孩子摔倒，父母可以跟在孩子身后，随时保护他。

2. 相信自己的孩子是最好的

许多家长喜欢拿自己的孩子跟别人家的孩子比，而且比的时候还特别不公平。比如，拿自己孩子的缺点跟别人家孩子的优点比，这样得出的结论就是"别人家的孩子好"。

其实，家长的这种表现，给孩子的感觉就是"爸爸妈妈不信任我""我在爸爸妈妈眼里不够优秀"，孩子的这种消极想法会造成亲子沟通的困难。

要知道，孩子优秀与否要根据孩子自身的成长来衡量，而不是通过与他人比较得出的。

3. 多从孩子的角度想问题

许多家长让孩子学习自己大小便，但是尝试几次后发现孩子还是学不会，家长就觉得是因为孩子小，长大后自然就会了，所以就放弃了继续教孩子。很明显，在这个过

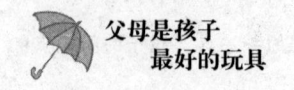

程中，家长犯了只从自身角度看问题的错误。

如果换成从孩子的角度去看问题，就会想到孩子虽然小，但是认识新事物、学习新本领的愿望还是很强烈的，一次学不会可以学两次，两次学不会可以学三次——有时候不是孩子怕麻烦，而是家长怕麻烦。

家长多给孩子一些锻炼的机会，那么孩子的收获一定非常大。

▶ 自尊这件大事

每个人都有自尊心，孩子也不例外，而且别看 3 岁的孩子年龄小，可是在面子问题上往往并不含糊。所以，家长一定要记住，不要当众批评孩子，以免孩子难堪、气愤，这样才能维护好孩子的自尊心。

洋洋妈妈去幼儿园开家长会时，非常生气。因为班主任说洋洋在吃饭时，遇到自己不喜欢吃的总是用勺子把饭菜舀出来撒在餐桌上。

开完家长会后，洋洋妈妈在跟其他家长交流的时候，就随口批评了洋洋几句。没想到，在旁边站着的洋洋一下子就恼了，大声嚷道："你怎么老是说我？"洋洋妈妈一下子愣住了。

吃过晚饭后，洋洋在桌子上玩橡皮泥，妈妈让他捏一个"胡萝卜"出来，这可是中午教过他的。可是洋洋捏了半天也没捏出来，妈妈忍不住说："这孩子真是笨。"

洋洋听了后，把橡皮泥摔在桌子上，喊道："我不捏了！"

人们常说："树怕伤根，人怕伤心。"3岁的孩子虽然小，但是也有强烈的自尊心。如果家长认为孩子还小，自己或者别人说他两句没什么，那就大错特错了。

事实上，每个人都有自尊心，都需要得到尊重。自尊心是孩子成长的心理支撑，是孩子自信的基础，也是孩子与人成功交往的前提。

在孩子犯错误时，许多家长会当众批评他。其实，当众批评只能让孩子暂时慑于压力而不敢反抗，但他并不会真的心服口服。原因在于，孩子也是要面子的，家长当众批评他，尤其当着其他小朋友的面批评他，会让他觉得丢了面子，伤害他的自尊心。

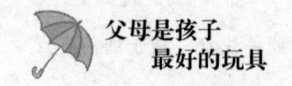

有的孩子一件事没有做好,家长就会说:"你怎么这么笨?"孩子胆小害怕,家长就说:"你这个胆小鬼!"孩子不愿意跟人分享,家长就指责他:"你怎么这么小气。"久而久之,再优秀的孩子也会在这种指责中挫伤自尊心,失去自信。

孩子的自尊心就像稚嫩的小苗,很容易受到伤害,因此需要家长精心呵护。

[情感引导]

1. 少说伤孩子自尊心的话

随着孩子的成长,家长应该给他一些自由,要尽量尊重他的意愿,减少对他的干预,不要用说教、命令的口气对他说话,而要时刻注意保护他的自尊心。

比如,孩子还没吃完饭就开始玩橡皮泥,这时候家长不要说:"你总是不好好吃饭,你看人家壮壮吃饭多乖,怪不得你没人家长得高。"虽然这句话没有恶意,可是会让孩子觉得自己低人一等,自尊心受到伤害。

家长要换一种口气对孩子说:"宝贝,好好地把饭吃完,妈妈陪你一起捏橡皮泥,好吗?"孩子受到了尊重,他就会心甘情愿地听从你的建议。

2. 要让孩子明白被拒绝不等于没面子

许多时候，家长阻止孩子独自做事，孩子也会觉得没面子。这时家长就要让他明白，确实有很多事情他目前还不能自己做，有的甚至比较危险。比如，孩子独自搬比较重的东西、倒热水、插插座、过马路……

在这个过程中，如果孩子不听话非要自己去做，家长在给孩子讲道理时一定要有耐心，语言要温和，要让孩子觉得自己受到了尊重。家长还可以借助一些事实或图片，来说明有些事情在他这个年龄不能独自去做。

3. 不要当众批评孩子

家长切记，不要当着很多人的面批评孩子。

孩子犯了错，家长可以批评，但是一定要单独跟孩子说，这样孩子比较容易接受。

另外，在批评孩子的时候，不要揪着孩子的错误不放，甚至翻出孩子之前做错的事，这样也容易引起孩子的反感。

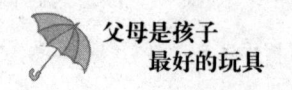

▶ 你的孩子也是"别人家的孩子"

拿自己家的孩子跟别人家的孩子比，似乎是许多家长的通病。

"你儿子说话真早，不像我家闺女，2岁了还只会叫爸爸妈妈！"

"你家孩子都会背唐诗了，我家孩子还什么都不会呢！"

家长总是拿自家孩子的短处跟其他孩子的长处比，孩子就很容易因此丧失自信。

军军和小杰是同一楼层的邻居，也是幼儿园小班的同学。军军记忆力比较好，各种车、动物、花，只要给他看过图片都能说出名称来，老师和父母也经常夸他。

小杰就不同了，老师教什么，说几遍他也记不住。他的注意力似乎不在学习上，特别喜欢玩滑板车，玩得特别好。军军在这方面就不行,他胆子比较小,妈妈让他练习滑板车,他一直不敢。

小杰妈妈经常拿军军和小杰做对比。有一次,小杰在家里玩滑板车,妈妈又开始念叨:"你就知道玩滑板车,滑板车玩得再好有什么用啊,你看看人家军军,都认识好多图片了,听说最近还能背诗了。"

"我讨厌军军!"

听到妈妈这么说,小杰把滑板车一扔,生气地走开了。现在,小杰总认为自己是一个笨孩子,学习越来越差,对滑板车也没了兴趣,整天没精打采的。

当今社会充满了竞争,而竞争就是要跟人比,所以很多家长经常督促孩子要上进。

不可否认,适当去比确实有助于孩子上进,但是盲目去比,忽略了孩子内心的感受,挫伤了孩子的自尊心,导致孩子自卑就得不偿失了。

其实,孩子是敏感的,也有很强的观察力,有时候即使家长没有拿他跟别人比,他也会不自觉地跟别人比。这时候,家长再拿他跟别人比,他会觉得"我不行""我不如别人""妈妈不喜欢我"。孩子接收了这样的信息,就会产生自卑心理和挫败感。

所以,家长不要总是拿自己的孩子跟别的孩子比,一

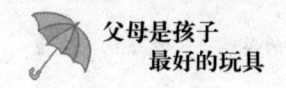

味地抱怨孩子不够好。因为人生是一场马拉松，没到终点谁也不能定输赢。

[情感引导]

1. 不去比较，但要给孩子树立榜样

许多家长在拿孩子做比较时，其实并不公平，因为很多时候是拿自己家孩子的短处跟别人家孩子的长处进行比较。比如说："你踢球踢得好有什么用，又不会做数学。"这样的比较其实没什么意义。

还有的家长在拿自家孩子跟别人家孩子做比较时，喜欢将对方的水平过度拔高，目的虽然是想鞭策自己的孩子也要进步，但这样做并不可取，因为会让孩子觉得家长在否定自己，不喜欢自己了。

但这并不是说，家长不能指出孩子的不足。正确的做法是，不拿自家孩子跟别人家的孩子比，但是要为孩子树立榜样，让孩子看到自己的不足，从而改掉不好的习惯。比如，家长可以说："你看聪聪吃饭的时候不乱跑，咱们也向他学习，好不好？"

2. 家长要帮助孩子一起分析原因

家长即使拿孩子跟他人做比较，也不要一味地打击孩子，可以换个方式说："乐乐能数到50了，现在你能数到30，这没关系，只要你多练习，每天都和妈妈一起数上三遍就可以数到50，甚至能数到100。"

这样把别的小朋友已经达到的目标，作为自己孩子要超越的目标，并且把超越的方法告诉孩子。孩子自然愿意照做，并去达到甚至超越目标。

3. 让孩子跟自己比

其实，聪明的家长应该引导孩子跟自己比。比如，孩子一开始只能认识10种动物，隔了三天又认识了5种动物，这就是进步，家长应该给予鼓励。

家长还可以拿孩子的优点和缺点比较，说："你看你平时跟小朋友打招呼挺有礼貌的，但是见到大人却不会认真打招呼。如果能在见到大人跟见到小朋友时一样礼貌，那就太好了。"

4. 承认孩子间的差异

每个孩子都有自己的特点，而且个体之间是有差异的。一旦看到自家孩子跟别人家孩子有差异时，不要着急批评孩子，因为差异不代表差距。

自家孩子和别人家孩子的差异，很可能是其个性形成的开始。这样的差异其实是需要家长来保护的，家长要根据这种差异来因材施教对他进行教育。

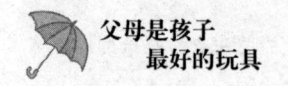

▶ 赏识教育才是王道

0～3岁的孩子因为年龄小，对自我认识还不够清晰，所以他人对他的态度就至关重要。

家长经常赏识孩子、肯定孩子，孩子就会越来越自信。对年幼的孩子来说，鼓励的效果要远远大于苛责。

琳琳今年3岁了，但让妈妈头疼的是，她学什么都比别的孩子慢。

琳琳上了幼儿园后，父母对她能做什么也没有抱太大希望。这天，她拿回来一张贴了小红花的涂鸦作品。

看到琳琳拿回来的作品，妈妈非常吃惊，赶忙问道："这是你亲手做的吗？"琳琳特别自豪地说："是啊！"声音也比平时大了许多。

妈妈听了非常高兴，对琳琳说道："琳琳真棒！妈妈为你骄傲。"

听到妈妈这么说，琳琳高兴极了，说："老师也夸我了。"

听了孩子的话，妈妈的眼圈都红了，她没想到老师和自己的表扬能让孩子这么自豪，这么激动。她暗暗下决心，以后一定要多用赏识的眼光来对待孩子，多给孩子鼓励。

在生活中，许多家长发现孩子特别缺乏自信，平时做什么都不敢去做，回答大人的问题，声音也小得像蚊子一样。

那么，孩子为什么会出现这样的情况？因为许多家长经常当着孩子的面打击、批评他。比如，说他扫地不干净，瞎捣乱；出去玩回来不洗手，不讲卫生；见人不打招呼，不懂礼貌。

家长总是这样数落孩子，时间长了，孩子会觉得自己浑身都是缺点，慢慢就会越来越自卑。

中国人一向讲究谦虚，所以，很多时候家长不好意思夸自己的孩子，总习惯夸别人家的孩子，说："你看你家孩子多听话，不像我家孩子这么淘气，真让我头疼死了！""哪里，我家孩子也是不让人省心。"

家长虽然说的是客套话，但在这样的思维主导下，导致家长只看到孩子的缺点，看不到孩子的优点，长此以往，对孩子自信心的建立十分不利。

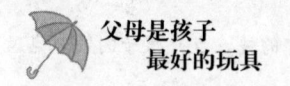

其实，孩子特别需要在成长过程中得到赏识和肯定，只有这样，才能战胜与生俱来的自卑，找到"我能行"的感觉。孩子只有从心底里认可自己，有自信，才有面对任何困难的底气。

[情感引导]

1. 找准赏识孩子的时机

家长赏识孩子，一定要选择好时机，可以在他努力克服困难时赏识他，让他勇敢面对；也可以在孩子获得成功后给他赞美，让他体验成功的喜悦。

2. 尊重孩子的选择也是一种赏识

有些家庭搞"一言堂"，什么事情都是家长做决定，不会考虑孩子的意见。在这种家庭环境下成长起来的孩子，一方面会表现得特别顺从，另一方面也会特别自卑。

家长应该鼓励孩子说出自己的想法，如果问题不大，可以尊重孩子的选择。这也是赏识孩子的一种方法，会让孩子觉得自己的想法很棒，得到了肯定。

3. 在日常生活中寻找可赞赏的事情

对于1~3岁的孩子来说，他是不可能做出什么大事来的，但是点滴的小事还是可以做好。所以，家长要从生活的小事中寻找可以赞赏孩子的事情,让孩子随时觉得自己是可爱的。比如,1岁多的孩子坐在桌子旁边吃了一碗饭,没有像往常一样乱跑,家长就可以针对这件小事赞赏孩子。

赞赏孩子的事情越小、越具体,孩子对怎样做是好行为就会理解得越清楚,也会自觉养成好的行为习惯。

4. 赏识孩子要有原则

虽然我们提倡赏识教育,但是家长赏识孩子也要有原则。

赞美和赏识不是无条件的,对于此时的孩子来说,如果无条件给予他太多的赞美,他会在赞美中飘飘然,形成唯我独尊的性格。这样,一旦没有了家长的赞美,他就会不知所措。

所以,家长要在孩子取得进步或者成绩时再赞美,免得孩子因此而骄傲。

父母是孩子
最好的玩具

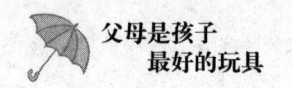

▶ 先制定一个"小目标"

鼓励和赏识虽然听起来很相似，实际上却有很大的区别。

赏识是对孩子的优点、成果进行赞赏，虽然它能增强孩子的自信心，但是过多的赞赏却容易让孩子骄傲。而鼓励则不一样，它肯定的是孩子取得成果的过程——家长肯定了孩子的点滴进步，可以引导孩子向着更高目标迈进。

周末的早晨，妈妈带浩浩和他表姐媛媛一起去户外锻炼身体。

妈妈跑步，浩浩和表姐一人骑着一辆儿童自行车。看到媛媛骑车骑得特别好，妈妈就高兴地说："媛媛骑车骑得真棒！"然后搂着媛媛，在她的脸上亲了一下。

媛媛受到表扬，特别高兴。

这时，妈妈看到了浩浩渴望的眼神。浩浩平时不太爱说话，骑车时胆子也小，而且不会拐弯。但是今天他在表姐的鼓励下，勇敢地骑上了车，刚才还一连拐了两个弯也没有胆怯。

妈妈说："妈妈刚才都看见了，浩浩今天最棒了，一连拐了两个弯，进步特别大。来，让妈妈也抱抱你。"

听到妈妈这么说，浩浩几乎是跑过来扑进妈妈怀里的，显得开心极了。

一早上的锻炼，浩浩始终特别开心，看来是妈妈的表扬起了作用。

著名儿童教育专家赫洛克曾经做过这样一个实验，他将孩子分成四个小组：命令组、赞赏组、斥责组和忽视组，然后让他们连续三天做算术。

第一天，各组的分数大致相同，但是随着时间的推移，赞赏组的成绩不断进步，其他组的成绩却逐渐落后。

赫洛克据此认为，之所以各组之间会有这样的差别，就在于被赞美的孩子觉得得到了家长的肯定，自信心爆棚，为了得到更多的肯定，努力的愿望也会更强烈。

所以，无论在生活中还是学习中，哪怕孩子只是取得了一点点的进步，家长也应该加以肯定。

每个孩子都渴望得到家长的鼓励，哪怕是一个微笑、一个拥抱、一个鼓励的手势，都能让孩子高兴一整天。而

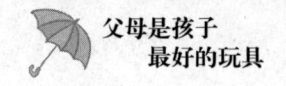

且,家长给予鼓励是培养孩子自信心最有效的方法。

鼓励代表着理解孩子,特别是对于0～3岁的幼儿来说,家长要多注意他们在活动中表现出来的点滴进步,及时给予肯定和鼓励。

[情感引导]

1. 再小的事情也值得肯定

对于0～3岁的孩子来说,家长不要对其期望太高,有时候,孩子做事情并不能很快看到效果。

这时家长要耐心对待,哪怕孩子还没把这件事做完,经过家长的鼓励,孩子的意志力会得到强化,从而最终取得较好的结果。

2. 分内的事情做好了也应该称赞

我们都有这样的体验,即便是分内事,也有许多成年人做不好,更何况是孩子。

因此,从这个角度来看,当孩子做好了一件小事后,家长应该对孩子进行表扬。比如,孩子把碗里的饭吃得干干净净,喝水的时候没有到处洒,捡起地上的纸屑扔到垃圾桶……

3. 用"小目标"引导孩子

家长可以为孩子制定"小目标"。比如,第一天的目标是从 1 数到 3,第二天的目标是从 1 数到 5,第三天的目标是从 1 数到 10,如果孩子做到了就给予奖励。

当然,家长为孩子制定的目标应该符合他的年龄和能力。让孩子数数很适合 2～3 岁的孩子,如果孩子说话都不利索,还要求孩子数数就有点勉为其难了。

▶ 你的关注点,孩子的闪亮点

家长要善于发现孩子的闪光点,对孩子感兴趣并且做得好的事情要多夸奖,以增强孩子的自信心。更进一步讲,如果家长能够对孩子的闪光点进行引导,那么孩子将来极有可能会取得相当的成功。

妈妈无意间发现女儿妮妮有跳舞的天赋。

那一天,邻居家的天天来找妮妮玩,当时,妈妈给他

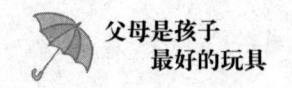

们放了跳舞的视频。天天乖乖地坐在沙发上看，妮妮却跟着视频跳起了舞，而且跳得有模有样，妈妈感到特别惊讶。

因为他们夫妻在跳舞方面并没有特长，也没有请过专业老师指点过妮妮学习舞蹈，妮妮能够跳出这样的水平，靠的是自身的天赋。

看到妮妮跳舞跳得好，妈妈对其大加赞赏，并且还把妮妮跳舞好的事情告诉了老师。这样一来，原本在幼儿园里不敢当众表演的妮妮，在老师的鼓励下，给班级里的小朋友表演了舞蹈，收获了掌声。

有了妈妈和老师的鼓励，妮妮跳舞的热情越来越高，人也越来越自信。

其实，细心一点儿的家长都会发现孩子身上的闪光点。每个孩子有某些方面的能力欠缺，其他方面可能就会比别人强，而这就是孩子的天赋所在。

比如，有的孩子虽然背诵诗词不行，却对音乐非常敏感，听过几次歌以后自己就能唱出来。这说明孩子在音乐上面有天分，家长应该肯定并赞美他的歌唱得好听。这样，孩子的自信心就会一下子被点燃，哪怕一开始背不下来诗词，但因为有了自信，就可能在记住歌词的同时也记住了诗词。

所以，家长不应该只把注意力放在关注孩子学习的好坏上，还应该多留心孩子在生活中所表现出来的特长，并予以正确引导，让其受益终生。

[情感引导]

1. 从孩子的兴趣爱好入手

每个孩子都有自己的兴趣爱好，而这些兴趣爱好正是孩子热爱生活的表现。只要孩子的兴趣爱好是积极向上的，家长就要多鼓励。

比如，孩子喜欢养小动物，说明他特别有爱心，家长要给予肯定；孩子喜欢搭积木，说明他对建筑感兴趣，家长也要表现出对孩子的欣赏；孩子喜欢搜集汽车模型，说明他对汽车制造感兴趣，家长可以鼓励他多观察汽车的结构。

2. 欣赏孩子的特长

每个人都有自己的长处，孩子也不例外。比如，孩子性格比较内向，不爱说话，但是观察力特别强，能发现别人发现不了的细节，这就是孩子的某种特长所在。

家长要肯定孩子的长处，最好是直接告诉孩子："你特别细心，能观察到很多小朋友注意不到的细节，爸爸妈妈为你高兴。"而且，家长还要鼓励孩子把观察到的细节

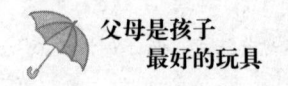

说出来,这样孩子就能认识到自己的优点。

3. 欣赏孩子的能力

除了欣赏孩子的兴趣爱好和特长外,也要多肯定孩子的能力。对于 1～3 岁的孩子来说,能力可能很有限,但是只要孩子具备了他那个年龄段所具备的优秀能力,就值得肯定。

比如,孩子 1 岁多时说话已经很清楚了,这说明孩子具有较强的语言表达能力,家长要对孩子的这种能力给予肯定。

此外,也要肯定孩子做事过程中表现得好的地方。比如,孩子有了收拾玩具的愿望,不管收拾得如何,家长要这样对孩子说:"宝贝真勤快,是个爱劳动的好孩子。"

这就肯定了孩子做事的积极性,这时候再教给孩子收纳的方法,孩子更容易接受。

第二章

乐观:
遇见孩子,遇见更好的自己

乐观是一种积极的性格,具有乐观性格的人总是能看到事情积极的一面。所以,培养孩子的乐观性格很关键。

乐观的孩子会对生活充满希望,对未来充满信心,具有不断进取的个性。乐观的性格也是孩子面对人生中难题、不幸、失败的有力武器。因此,家长要有意识地在孩子内心洒满阳光,助孩子成为乐天派。

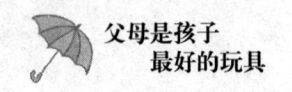

▶ 孩子需要家庭幸福感

一个家庭的氛围是欢乐还是阴沉,家庭成员之间是和睦还是充满矛盾,对孩子性格的形成有很大的影响。

研究表明,孩子在学说话以前就能感受到家庭的氛围,如果家庭里一直充满欢声笑语,那么孩子就能形成乐观向上的性格。

别看蓝蓝只有3岁,但是爸爸妈妈特别尊重她。

从蓝蓝会说话的那天起,她就特别喜欢问:"这是什么?""那是什么?""这是干什么用的?"尽管蓝蓝的问题五花八门,但是每次只要她问,爸爸妈妈都会耐心地回答,从来不嫌她烦。

因为爸爸妈妈开明,经常与蓝蓝一起探究各种奥妙,蓝蓝特别快乐。这种民主的家庭氛围,也让蓝蓝变得越来越爱思考,越来越自信开朗。

上了幼儿园后,蓝蓝特别喜欢问老师问题,爱跟小朋友们交流,因此特别受人欢迎。

在家里,爸爸妈妈也从来不当着蓝蓝的面争吵,一直是互相礼让,互相关心。爸爸还特别幽默,妈妈和蓝蓝一旦有什么不高兴的事情,他都会适时地讲一个笑话,逗得母女俩开怀大笑。

生活在这样的家庭中,蓝蓝的性格非常乐观开朗。

如果一个家庭里,父母经常吵架,孩子就会没有安全感,觉得恐慌和不安,性格也会变得消极、自卑,遇事没有自信。

反之,如果一个家庭的氛围非常和谐,夫妻关系、亲子关系非常融洽,那么孩子的性格会特别积极阳光,在面对任何事情时都会充满自信。

当然,要想让孩子快乐成长,除了给孩子营造一个好的家庭氛围外,还必须要有健康的精神生活,如亲子游戏、娱乐时间。这就是说,既要有严肃的时候,也要有活泼的时候。

有些家长总是担心自己经常跟孩子玩耍、嬉笑打闹,会在孩子面前失去威信,孩子会不听自己的话。

其实,这种想法根本就是多余的。家长多跟孩子一起做游戏,一起玩乐,这样孩子很容易把家长当朋友,对家

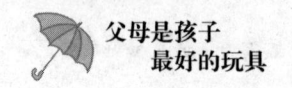

长更信任,他有什么问题也会及时告诉家长,更容易听进去家长的话。

[情感引导]

1. 不要苛求孩子

家长都希望自己的孩子有出息,这本无可厚非,但有些家长不顾孩子的实际情况,对他的要求过高。

在这样的情况下,孩子一旦做错事情,家长就会感到失望,进而责怪孩子。

殊不知,对孩子过于严厉,会打击孩子的学习积极性,伤害孩子的自尊心,甚至给孩子留下心理阴影。

在家长的这种长期高压政策下,孩子会变得越来越悲观,做事退缩,这对孩子好的性格形成非常不利。

2. 家长要善于控制情绪

一些家长总是不善于控制自己的情绪,一旦生活或工作中有了不顺心的事情,总是不管不顾地发泄——不但对自己的爱人发泄,甚至还会迁怒于孩子,对孩子乱发脾气。这样做,会让孩子的心里感到恐惧。

有的家长发泄完了觉得愧疚,又尝试着去补偿孩子,这样也会让孩子不知所措。

所以，家长要善于控制自己的情绪，努力做到不计得失、笑口常开，这样家庭气氛才会轻松愉快，对孩子的情绪也会有良好的感染作用。

3、营造民主、有教养的家庭氛围

家长的教育态度，对孩子的性格形成起着决定性作用，即便是对 0～3 岁的孩子，家长也应该采取民主的教育方法。

在对与孩子有关的事情进行决断的时候，最好跟孩子商量一下，不要不经过孩子同意直接做决定，也不要随意干涉孩子的活动。如果孩子还不能自己做出决定，家长可以在尊重孩子的基础上给予正确的引导。

4. 多表扬，少批评

作为家长要明白，人都爱听表扬的话，孩子也是如此。多给予孩子表扬和鼓励，就能把孩子的行为向好的方向推进。如果总是斥责孩子，不但容易伤害孩子的自尊心，还容易让孩子自暴自弃，对于纠正孩子的不良行为毫无益处。

如果家长对孩子的一些错误行为进行惩罚，一定要适度，让孩子从中获得教训即可。

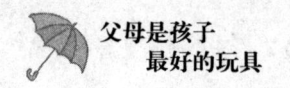

谁的成长没阻挡

人生不如意事十之八九,所以,每个人都会碰到不顺心的时候,对于孩子来说也是如此。因此,家长应该从小培养孩子面对困境时乐观应对的心态。

当孩子遇到困难的时候,多留心孩子的变化,教会孩子转换心境,换个角度看问题,坚强面对,从而尽早走出困境。

爸爸把笑笑从幼儿园接回来后,发现笑笑一直闷闷不乐。爸爸试探着问道:"笑笑,今天幼儿园有没有什么高兴的事儿讲给爸爸听啊?"

"不好玩。"笑笑不高兴地回答。

"有什么事儿让你不高兴了?"爸爸问道。

"没人跟我玩!"原来笑笑今天在幼儿园受到冷落了。

"那我问问张老师怎么回事。"爸爸说道,然后拿出手机给张老师打了个电话。通完电话后,爸爸继续跟笑笑聊天。

"张老师说,今天班里新来了一个小朋友,她给每个小朋友都带来了樱桃,所以小朋友都爱跟她玩,是不是?"

"就是!"笑笑有些着急了。

"其实,只要你和其他小朋友一样,与那个新来的小朋友一起玩,你们不是都可以玩得开心吗?其他小朋友还是会跟你一起玩的呀,是不是?"爸爸劝道。

"是的。"显然,笑笑被爸爸说动了。不一会儿,他的脸上又挂满了笑容。

现如今,孩子都是在家人的百般宠爱下成长,许多孩子身上都有依赖性强、独立性差、任性、娇气的一面,尤其是1~3岁的孩子,家长更是说不得、打不得,这样就让孩子生活在了一个"保护区"。

孩子一旦脱离家长的保护,受到一些挫折就不知道如何应对。所以,家长应该适当放手,有些事让孩子自己去做,孩子遇到困难了要引导他自己找出摆脱困境的方法。

比如,孩子在走路时不小心摔了一跤、穿衣服时穿错了袖子、穿鞋时左右穿反了,这些小事对于大人来说可能微不足道,但对于孩子来说就是一个不小的麻烦。

在遇到这些麻烦时,有的孩子会哭,有的会急躁,但

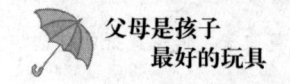

这些都是面对困境时正常的心态。家长应该教会孩子控制好自己的情绪，乐观面对逆境，并且把解决这些小麻烦看成是学习的过程。孩子在解决麻烦的过程中学到的经验，会成为他解决难题的能力。

家长一定要认识到，挫折是人生的一部分，让孩子接受挫折就是接受成长。

[情感引导]

1. 对孩子身教胜于言教

家长平时遇到事情总是愁眉不展、唉声叹气，那么孩子也很难做到乐观。毕竟身教胜于言教，家长对待困境的态度会潜移默化影响到孩子的心态和行为。

所以，家长要注意，保持积极、乐观的生活和工作态度，不在孩子面前抱怨，不在孩子面前说消极话。平时还可以适当给孩子讲讲自己在生活、工作中遇到的难题都是怎样解决的，让孩子学习家长面对困境时的态度和解决问题的方法。

即便是孩子听不懂家长遇到的难题，但家长轻松应对困难的态度也会感染到孩子，让孩子觉得遇到困难其实没什么。

2. 要及时关注孩子的情绪

在生活中,孩子碰到了不顺心的事情,家长一定要多注意孩子的情绪变化。比如,孩子玩耍时被别的小朋友推了一把,或者在幼儿园里淘气被老师批评等,回家告诉家长后,家长就应该认真跟孩子沟通,帮助孩子分析原因,然后提出解决方法。

这样孩子就会慢慢放松,不那么焦虑了,并且能够正视和愿意去解决自己遇到的难题。

3. 用游戏的形式教育孩子

对于0～3岁的孩子来说,哪种教育方式最能被接受?游戏显然是不错的一种。

玩游戏不但能让孩子感受到乐趣,还能锻炼孩子动手、动脑解决问题的能力。比如,孩子在用积木搭建高楼的过程中,通常会遇到搭好的积木倒塌、再搭建、再倒塌的难题。

当孩子面对搭建好的"高楼"坍塌而垂头丧气时,家长要多给孩子鼓励:"'大楼'塌了你就重新搭,不要着急,你一定行!"

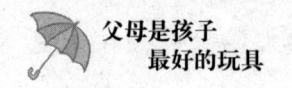

▶ 兴趣在左,爱好在右

孩子心中的快乐因素源自各个方面。

试想,一个孩子如果只有一种兴趣爱好,比如折纸,那么他就只能体会到折纸的快乐;如果孩子同时还喜欢弹琴、绘画等,那么他体会到的快乐就会更多。所以,家长要想让孩子乐观开朗,培养孩子广泛的兴趣爱好也很关键。

一天,妈妈在做饼干,晖晖也想做,妈妈就给了他一个模型,让他试着做。

晖晖用小星星模型、心形模型等做了好多形状的饼干坯子,越做越兴奋。为了让饼干更好看,他还用笔帽在上面印了个小花纹。

妈妈发现晖晖喜欢做手工,就特意着手培养他这一爱好,经常陪他一起做手工。

有一次,妈妈教晖晖折郁金香。晖晖不会,就草草折了一下说这是飞机，并且还在家里扔"飞机"玩。虽然晖晖折的飞机不怎么好，但是他扔得很好。妈妈看到晖晖没有按照原计划折郁金香，而是热衷于玩纸飞机，并没有批评他，而是表扬他纸飞机折得好、飞得高。

晖晖听了特别开心。妈妈借机又说："这个飞机我们还可以折得更好。"然后在妈妈的指导下，晖晖的纸飞机折得越来越好了。

妈妈在培养晖晖的爱好时，没有一味地打击他的积极性，而是给他机会，让他感受到快乐，并且对于每次表现好的地方都会给予称赞。

在妈妈的指导和陪伴下，晖晖的手工做得越来越出色，在幼儿园经常得到老师的夸奖。

一个兴趣广泛的人，更容易战胜生活中遇到的难题。

现实生活是丰富多彩的，一个人只有具备了多种爱好和特长，才能让生活更加富有乐趣，也才能体味到多姿多彩的生活。

家长要努力培养孩子的广泛爱好，这样孩子在一种爱好中失去了乐趣，就会投入到另一个爱好中。比如，孩子喜欢听儿歌，同时还喜欢踢足球、养小鱼。那么，如果哪一天他足球没有踢好，他也不会因此而失落，因为他还可以去看看小鱼、听听歌。

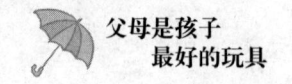

多样的兴趣可以让孩子感受到生活中处处充满阳光，让孩子觉得没有什么问题是解决不了的。这样一来，对于培养孩子的乐观性格有很大帮助。

爱好众多，也容易让孩子更受欢迎，交到更多的朋友，这些对塑造孩子乐观开朗的性格大有裨益。反之，不善交际的孩子往往性格稍显孤僻，享受不到跟小伙伴玩耍的乐趣，常常感到孤单。

[情感引导]

1. 挖掘、培养孩子的兴趣爱好

不同性格孩子的兴趣也是不同的，有的孩子喜欢动，爱好踢球、做游戏等；有的孩子喜欢静，喜欢画画、观察小动物等；有的孩子语言能力强，有的孩子则有艺术天分。

平时，家长要多跟孩子一起活动，这样就能够及时发现孩子喜欢什么、不喜欢什么，然后发掘出孩子的爱好并且着重培养。

比如，家长可以在闲暇时带孩子去散步、逛书店、逛公园等，然后观察孩子对什么事物感兴趣。另外，家长还可以跟孩子一起画画、做手工、整理玩具、洗衣服等，这样就能够很好地发现孩子的兴趣爱好。

2. 帮助孩子建立持久性兴趣

孩子的兴趣往往只有三分钟，今天对这个感兴趣，明天对那个感兴趣，极其不稳定。这是因为孩子年龄还小，兴趣会随着时间的推移而改变。

孩子对有兴趣的事情，一开始往往只凭好奇和热情。所以，家长就要想办法引导孩子从兴趣中探索和思考，帮助孩子建立兴趣的持久性，不能想管的时候管一下，不想管的时候就不管。

培养孩子兴趣持久性的方法有很多，家长应该根据孩子的表现因材施教。

3. 启发和引导孩子的求知欲

孩子的好奇心很强，特别喜欢问"为什么"。比如："天空为什么是蓝色的？""小草为什么会发芽？""天上的云为什么消失了？"

面对孩子这些千奇百怪的问题，家长千万不要表现得不耐烦，因为这正是启发和引导孩子求知欲的好时机。

所以，当孩子表现出浓厚的求知欲时，家长要对他的行为多给予肯定，用通俗易懂的语言给他解释，让他建立起探索大自然的兴趣，提高他继续发展兴趣的积极性。

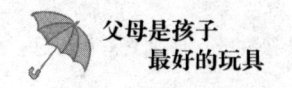

▶ 幽默可以变成一种习惯

幽默感是情商的重要组成部分，具有幽默感的孩子往往积极乐观，特别讨人喜欢。所以，培养孩子的乐观性格，也可以从培养孩子的幽默感开始。

尤其在国外，幽默不只被看成是一种受欢迎的性格，更被视为一种可贵的品质。因此，让孩子从小就有幽默感，也是家长需要做出的努力。

利利特别不爱洗澡。

一天晚上，又到了该洗澡的时间，利利还是坚持不洗澡。爸爸就故意说："利利不爱洗澡，闻起来就跟爸爸爱吃的臭豆腐一样。"

利利不但没有生气，还学着卖臭豆腐的口气说："闻着臭，吃着香！"爸爸没有因为利利的强词夺理而生气，而是夸他："利利真幽默。"

听到爸爸表扬自己,利利很高兴。爸爸趁机说:"那宝贝要不要做闻着香、吃着也香的香梨呢?"利利高兴地表示:"我愿意。"然后在爸爸的正确引导下,利利痛快地去洗澡了。洗完澡后,他还说自己是"香喷喷的香梨"。

在叠一块白毛巾的时候,利利故意将毛巾放在自己头上,学着老爷爷走路的样子,说:"看,老爷爷来了。"爸爸妈妈一看,都被利利逗笑了。

幽默的心理基础是乐观、积极的心态,所以,家长要培养孩子的幽默感,就要先培养孩子积极抵抗挫折、不怕失败的能力。因为,一个只知道悲观失望的人,不可能具有幽默感。

真正幽默的人,不但不害怕别人的嘲笑,还擅长自嘲,这种自嘲又大多建立在乐观心态的基础上。所以,幽默和乐观有着非常紧密的关系——幽默的人往往会更加积极乐观,而积极乐观的人更容易发挥出幽默感。

而且,孩子的幽默感一旦形成,对他的一生都会有影响。因为具有幽默感的孩子,大多数都活泼开朗,更讨人喜欢。

就人际关系来说,具有幽默感的孩子,往往比不具有幽默感的孩子更容易与他人和谐相处。而且,孩子一旦拥有了幽默感,在以后应对压力和难题时就会更加轻松,这

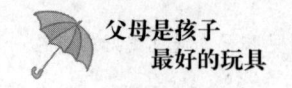

也有助于孩子在以后拥有愉悦的人生。

对于家长来说，了解幽默感对孩子的影响后，最为困难的是如何在 1～3 岁这个年幼阶段培养孩子的幽默感。专家建议，幽默感在孩子幼儿期的培养和教育，可以根据孩子当前的需要，抓住时机进行引导和慢慢渗透。

[情感引导]

1. 创设幽默的氛围和空间

培养孩子幽默感最好的方法，就是让孩子生活在有幽默感的环境中。

家长每天都跟孩子生活在一起，要有意识地向孩子渗透幽默感。在孩子遇到困难时，提醒他该怎样解决或者制止他的某种行为时，都可以用幽默的方式来表达。

比如，孩子非要养花，但就是不给花浇水，结果没几天花就耷拉下了脑袋。这时候，家长不要批评孩子，不妨换一种幽默的方式说："哎呀，花花没喝上水，营养跟不上了！"这样，孩子更容易接受家长的建议，马上点头说："我要给花花喂水喝。"

幽默可以代替严厉批评，也可以代替强硬的命令。在平时的教育中，家长就要让孩子感受到新奇和有趣，这样孩子不但会愉快又快速地接受家长的指导，还会变得越来越有幽默感。

2. 培养孩子的语言表达能力

孩子只有掌握了丰富的语言，才有助于表达幽默的想法。如果掌握的词汇少，表达能力差，就很难产生幽默效果。

家长平时可以多给孩子讲一些幽默故事，丰富孩子的词汇量。孩子只有不断学习新知识，掌握更多的词汇，才能将幽默很好地发挥出来。

当然，切记不要让孩子为了幽默而幽默，免得让孩子变得油嘴滑舌，毕竟真正的幽默是自然而然表现出来的。

3. 注重日常生活中的点滴培养

培养孩子的幽默感，也可以在日常生活中进行。比如，让孩子讲出他知道的笑话；让孩子说出接触到的比较幽默的人，那人说了哪些幽默语言；针对某件事，让孩子编出幽默有趣的话。

此外，孩子在与小伙伴的交往中出现冲突时，家长也可以引导他用幽默的方法解决困难；指导孩子用幽默的语言向他人提出批评或者建议；用幽默的语言向他人提出自己的请求；等等。

在生活中，只要孩子能时时刻刻做到学习和运用幽

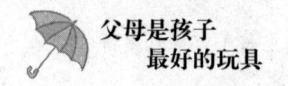

默,这样时间长了,他才会越来越有幽默感。

4. 发现并保护幼儿的幽默感

很多时候,对于1～3岁的孩子来说,幽默感通常是无意识的,幽默感的建立来自成人的发现。比如,妈妈一边给孩子擦鼻涕,一边说:"看这两条鼻涕虫,像两条小河。"有的孩子会接着说:"还是黄色的小河。"这就是孩子根据自己的经验表现出来的幽默感,家长应该及时给予回应,强化孩子的幽默感。

事实上,孩子天生就有幽默细胞,只是家长没有发现罢了。还有的家长以不能理解为由打压孩子的幽默感,这样会导致孩子丧失与生俱来的幽默感。所以,当孩子表现出幽默感的时候,家长应该正确应对。

▶ 遇见孩子,遇见更好的自己

许多家长都会在孩子面前发牢骚:"你怎么这么慢

呢？""你怎么这么不听话呢？""你就不能像人家乐乐那样胆大点儿吗？"

这些牢骚话，虽然有时候是家长的无心之言，却会对孩子造成不良影响。如果家长经常对孩子发牢骚，孩子就很容易悲观，遇事怨天尤人。

妈妈正忙着收拾东西，要带欢欢去冯阿姨家做客。但是欢欢不愿意去，抱着妈妈的腿不让她走。

妈妈耐心劝说之后，欢欢还是不听，反而更黏人了。最后，眼看就要迟到了，妈妈不耐烦地说："都2岁多的孩子了还这么不懂事，就知道黏人，真烦。"

妈妈说完这句话，欢欢突然走开了，小脸上挂满了眼泪。妈妈觉得自己说的话有点重了，赶忙给欢欢道歉，可欢欢还是委屈地哭起来。

好不容易到了冯阿姨家，妈妈让欢欢跟冯阿姨打招呼，没想到欢欢就是不开口。妈妈又开始发起了牢骚："你这孩子怎么这么没礼貌，让你跟阿姨打个招呼都不肯，妈妈平时是怎么教你的？"

后来，在冯阿姨的劝说下，欢欢妈妈才停止了责怪欢欢。很明显，在妈妈对欢欢发牢骚后，欢欢在冯阿姨家做客的过程中一直不开心。

家长是孩子的一面镜子，在与孩子朝夕相处的过程

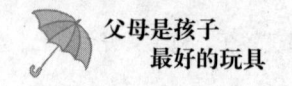

中,家长对孩子的态度会影响孩子性格的形成。

但是,有许多家长因为"望子成龙,望女成凤"的心态,常常对孩子提出超过他能力范围内的要求。因为孩子年龄小,能力有限,常常达不到家长的要求,家长就开始发牢骚。

还有的家长因为生活中有了一些不顺心的事情,回到家里就当着孩子的面发牢骚。

虽然这些事情孩子听不懂,但是孩子也很聪明,懂得察言观色,能感受到家长的负面情绪。这样很容易让孩子形成悲观的性格,遇事情不想着去解决,而是学着家长一样发牢骚。

研究表明,孩子对生活的态度,往往能折射出家长对生活的态度。

所以,家长不要以为孩子还小就什么都不懂,正因为孩子年龄小,他对外界的感知能力才比其他人更深刻。

因此,家长要想教出乐观开朗的好孩子,就要先从自身做起,为孩子树立一个乐观向上的榜样。这样,在给孩子一个愉快童年的同时,对于培养孩子乐观向上的积极性格也有很大的帮助。

[情感引导]

1. 改掉当着孩子面发牢骚的习惯

许多家长说起孩子的问题时牢骚一大堆,但就是看不到自己的问题,也很少去反思自己的错误。如此,不仅对于事情的解决毫无帮助,反而会影响到孩子,让孩子的心态变得消极。

所以,家长要切记,生活中遇到不顺心的事情时要尽量自己解决,不要在回家后发牢骚;工作中遇到的难题,要尽量在单位解决,解决不了也不要在家抱怨。总之,不要因为自己的私事把坏情绪传染给孩子。

2. 不因孩子达不到要求发牢骚

有的家长习惯对孩子提高要求,一旦孩子达不到自己的要求,就开始对孩子发牢骚。比如,等待孩子穿鞋的过程中,嫌弃孩子慢,就说:"你能不能快一点儿,妈妈还要去上班呢!"

其实,孩子动作慢并不是他的错,因为1~3岁的孩子往往还没有时间概念,他不知道为什么要快,这就需要家长慢慢培养他的时间观念。

还有的家长抱怨孩子说:"你都这么大了,这么点儿

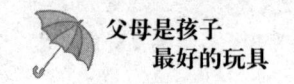

小事都做不好。"有时候，孩子已经尽力做了，但是家长就觉得不完美，发牢骚时只顾自己的要求，不顾及孩子的心情。

家长应该根据孩子的能力安排他能够完成的任务。如果在能力范围内没做好，可以引导；如果超出了能力范围，就要让孩子量力而行，而不能对孩子发牢骚。

3. 不要按自己的意愿命令孩子

许多家长总是给孩子下很多禁令，比如："吃饭的时候不能来回跑。""睡觉时别抱着布娃娃。""不许坐在地上。"殊不知，这些太多的"不能"，会限制孩子的个性发展。

家长也许会说："我这么做都是为了孩子好。"但是，打着"为孩子好"的旗号处处限制孩子，对孩子来说简直就是灾难。试想，家长经常对孩子说："不许哭，再哭就把你扔门外！""不要再看手机了，再看我就把手机扔了！"这样霸道的话语，孩子不但不会心服口服，反而会适得其反。

所以，对于同样的问题，家长应该换种方式去解决。对孩子做事不尽如人意的时候，家长要控制自己的情绪，用好心态去对待孩子。

▶ 不抱怨的世界

有些人认为，现代社会物质丰富，孩子生活在福窝里应该没有烦恼。但是家长却发现，孩子还是喜欢抱怨。

在我看来，这是因为孩子不懂得凡事往好的一面看。

青青平时是个乖巧、懂事的孩子，但是不知道从什么时候开始，她变得特别喜欢抱怨和挑剔。为此，爸爸妈妈经常上火。

有一次周末，一家人去公园踏青，刚坐上公交车，她就开始抱怨："车怎么这么慢啊？""什么时候能到啊？""司机怎么不开快点儿啊？"

短短20分钟的车程，青青能抱怨一路。

青青不光出去玩的时候喜欢抱怨，在家里也很挑剔。一次，青青看到饭桌上摆的是饺子，就摇摇头说："我不想吃饺子，我要吃面条。"

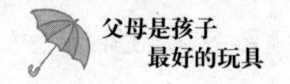

妈妈只好又做了一碗面条。青青一看面条里放了油菜，又挑剔地说："我不想吃油菜。"

除此之外，青青平时在生活中抱怨也特别多，什么"这个不好吃""那个不好看""我不喜欢"。

面对总是爱抱怨的青青，父母也不知道该怎么办。

家长都希望自己的孩子是个乐天派，如果孩子总是喜欢抱怨，家长就要有意识地予以纠正。

其实，抱怨不像高兴、悲伤那么好辨别，孩子抱怨可能是因为生气、焦虑、紧张等多种情绪造成的。所以，家长要先分辨清孩子抱怨的原因，这样才能对症下药，帮助孩子改掉抱怨的习惯。

许多时候，孩子抱怨并不是要具体解决什么问题，而是为了发泄，希望能够得到家人的理解。尤其是对2～3岁的孩子来说，抱怨很可能只是为了引起家长的关注，让家长多听听他说的话，重视他。

这些孩子的家长往往因为平时太忙，可能对孩子"被倾听"的需求不太重视，所以就导致了孩子喜欢抱怨。

还有的孩子是借助抱怨来表达自己的需求，因为他害怕自己的需求被拒绝。

[情感引导]

1. 家长要弄明白孩子在想什么

孩子抱怨的时候,家长一定要了解他到底在想什么,因为什么抱怨,这样才能有针对性地解决问题。

通常,孩子抱怨的内容五花八门。比如,有时候下雨,孩子就抱怨:"妈妈,为什么你不让雨停了啊?我想出去玩。"

嫌饭菜不好吃,孩子又抱怨:"妈妈,你怎么老做这个菜呀,难吃死了。"

你看,孩子的抱怨中带着"找茬儿"的意味。

针对这样的情况,家长不能一味地迁就、纵容孩子,而应该对孩子进行引导教育,让他多往好处去想。比如,家长可以说:"下完雨后空气多清新啊!""经常吃这种蔬菜对你的成长有好处!"

时间长了,孩子的思想就会变得积极、阳光,这将对他以后的成长大有裨益。

2. 告诉孩子抱怨解决不了问题

许多时候,孩子会把抱怨当成一种解决问题的手段,以此来达到自己的目的。

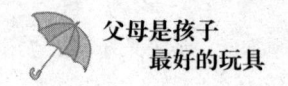

面对这种情况,家长要及时帮助孩子调整纠正。家长要告诉孩子,抱怨没有任何意义,解决不了问题,更会不受人欢迎。

如果孩子的要求是合理的,就告诉他,爸爸妈妈会支持他的要求;如果不合理,就明确告诉他,抱怨也没有用。这样时间长了,孩子就会养成好习惯。

3. 家长要改掉自己爱抱怨的坏习惯

有的家长在生活中喜欢抱怨,比如工作不顺心就回家抱怨,饭菜不合口也抱怨。其实,这些孩子都会看在眼里。

还有的家长习惯挑剔孩子,总希望孩子做事能接近完美。孩子受家长的影响,遇事也会抱怨、挑剔。

所以,家长要想帮助孩子改掉爱抱怨的坏习惯,拥有乐观的心态,就要从自身做起,时刻注意自己的言行,不要做一个爱抱怨的人。

第三章

独立：
让孩子独立的自我管理课

在生活中，许多孩子特别黏人，一点儿独立性也没有。其实，这跟家长不恰当的教育方式有关。

家长在生活中应该拒绝对孩子包办代替，把独立做事的自由还给孩子，哪怕孩子年幼也应该如此。因为独立性格的养成不是一蹴而就的，应该从孩子小时候就开始。孩子只有从小养成独立的习惯，长大以后遇事才能独当一面。

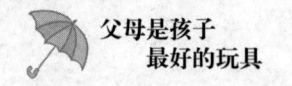

今天的独立，决定明天的成绩

在养育孩子的过程中，很多家长都会遇到这样一个问题：孩子太黏人。有的孩子甚至就是妈妈的跟屁虫，不管妈妈去哪里，他都一定要跟着，一会儿看不见妈妈就着急，到处找。

所以，家长要教育孩子变得独立起来。

年年真是太黏人了，妈妈走一步，她就跟一步，有时甚至刚听到开门的声音，她就会跑出来找妈妈，而且总要妈妈抱着她。

如果看不到妈妈，年年就大哭大闹，甚至连妈妈上厕所也不让去。有时，年年明明自己玩得挺好，妈妈想趁她不注意做点儿自己的事情，可是，妈妈刚一走，她就会赶紧跑过来跟着。

总之，年年几乎从早到晚都离不开妈妈。周末，爸爸和妈妈想出去买点东西，年年也非要一起去，一路上还要让妈妈抱着。

眼看着过完夏天，年年就该上幼儿园了，爸爸妈妈开始跟她说起去幼儿园的事情。年年一听上幼儿园要离开爸爸妈妈，就哭闹不止，这让爸爸妈妈非常为难。

相信，这样黏人的孩子在我们身边有很多。而且，可以毫不夸张地说，每个孩子似乎都会经历这样"黏人"的阶段，只不过有的时间比较短，有的持续时间长一点儿而已。

要想让孩子变得独立，家长就要了解孩子为什么黏人。不可否认，这跟孩子的心理发展特点有一定的关系。

研究表明，在0～3岁这个阶段，幼儿对母亲的依恋最为强烈，这种依恋感主要来自强烈的安全感需要。所以，从这个意义上来说，在孩子的成长过程中，"依恋"是一种正常的情感需求。

在0～3岁这个特殊时期，家长千万不要用任何粗暴、武断的方式来对待孩子，使他没有安全感。

其实，绝大多数孩子在1岁以后都会经历一个"黏父母"的阶段。但家长要明白，孩子"适度黏人"并不是一个坏现象，这是他成长过程中建立安全感的一个过程。随着年龄的增长和心智的成熟，他会逐渐变得自信且独立。

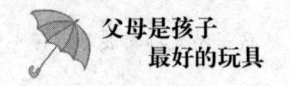

[情感引导]

1. 充分利用休息时间陪伴孩子

孩子从小就和家长在一起，家长的爱是孩子成长的源泉。孩子的这种依恋是一种情感表达方式，家长需要把这种关爱传达给孩子。

如果家长是职场人士平时太忙，就要利用休息时间多陪陪孩子。比如，每天下班回来，可以跟孩子做一些简单的亲子游戏，每个周末可以带着孩子出去玩。

2. 让孩子意识到跟家长偶尔分开是件很自然的事

有些家长抱怨说早上准备去上班时，孩子总是缠着自己不让走，很烦。

其实，孩子每天早上看到爸爸妈妈离开，都会以为再也见不到爸爸妈妈了，心里非常害怕，才会黏着不放手。

所以，家长在离开家的时候，需要注意的是：

首先，不要把自己的焦虑传给孩子。有些家长害怕孩子黏着自己，便采取捉迷藏的方式，趁孩子不注意时悄悄离开。这样只会让孩子变得更焦虑，最好不要使用这种方法。

其次，跟孩子分别的时候要面带微笑。如果家长一脸愁苦，只会加重孩子的担心，让他大哭。

最后，告别时声音要轻柔。家长要用正常的语调说话，不能严厉地斥责孩子，否则会让孩子产生恐惧心理。

3. 跟孩子在一起时全心全意关注他

孩子总是很想跟家长一起玩，可家长总是很忙，陪不了孩子，孩子就会认为家长不再爱自己了。

所以，家长要充分利用跟孩子在一起的时间，全心全意地关注他。这样做会让孩子知道，父母是愿意跟他在一起的，他的焦虑就会慢慢平息下来。

4. 对孩子进行适当的独立性训练

许多家长下班一回家，就急着跟孩子亲密接触，又抱又亲。可是，有时候孩子缠着家长玩，家长却觉得孩子黏人，这是非常不公平的。

孩子对家长的依恋是随时的，不会等家长有时间了再去依恋。如果家长只关注自己的感受，而忽略了孩子作为另一个个体的需要，两者就会出现矛盾。

孩子过于黏人，可以对他进行一些适当的独立性训练。比如，让孩子学会自己玩积木、摆拼图、给布娃娃穿衣服等。

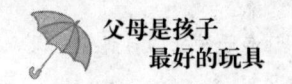

▶ 如何做，孩子才愿意分床

在培养孩子独立性的过程中，许多家长往往会发现，孩子就是赶不走的"小黏糕"。比如，家长尝试着让孩子自己睡觉，但总是在多次赶他走之后，他还是会赖在床上对你说："妈妈，让我再跟你多睡一会儿吧。"

航航几个月大时，妈妈为了方便照顾，就让他睡在自己身边。每天晚上睡觉时，航航总要拉着妈妈的手睡觉。

刚开始妈妈不以为意，可是现在航航都3岁了，睡觉时还是习惯性地拉着妈妈的手，不然他就睡不着。

妈妈想来想去，决定让航航独自睡觉。可航航就是不同意，总是在妈妈让他一个人睡的时候，搂着妈妈的脖子说："妈妈，我要跟你一起睡。"

有一次，航航又拒绝独自睡觉。妈妈狠了狠心说："不行，今天你必须一个人睡。"并且，睡前妈妈还给航航做了很多思想工作，夸奖他是勇敢的男子汉。

航航信誓旦旦地答应了妈妈。可是，真正入睡时，他却怎么也不愿意一个人睡。妈妈也不想再折腾了，只好又答应跟他一起睡。

许多家长在看到国外的孩子三四个月就可以独自睡觉时，也想效仿，以锻炼孩子的独立性，却常常以失败告终。

许多妈妈在面对孩子几次乞求后，常常因为心疼孩子就举手"投降"——一边满足孩子跟自己一起睡的愿望，一边还埋怨孩子不独立、黏人。

有些孩子没有家长的陪伴就难以入睡，就是睡着了也会下意识地去拉他心里所依赖的东西，一旦找不到就会突然惊醒。

这说明，孩子对家长的依赖是一种本能，尤其是对妈妈的依赖最为强烈，这种依赖来自安全感的需要。

孩子想要跟家长一起睡，是出于对家长的依赖，是因为信任家长，这种愿望和心理是正常的，家长应该理解。但是，家长总顺着孩子，不给孩子独立的机会，那么孩子永远也长不大。

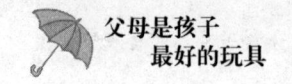

[情感引导]

1. 孩子因独睡而哭喊时家长应及时安慰

当孩子睡醒或者没有睡踏实惊醒后,找不到大人哭闹不止时,家长常常会咬咬牙不去管,想要让孩子"独立"到底,认为孩子一哭就去抱会使得他更加依赖父母,独睡的习惯就无法养成。

其实,家长的这种做法是不对的。

孩子睡醒后找不到家长,内心往往会恐慌不安。再加上孩子对黑暗常常心存恐惧,所以家长对孩子的所谓"锻炼",反而会让孩子的不安变得更加强烈。

正确的做法应该是:在孩子哭的时候,家长要及时去安慰他,跟他一起躺一会儿,或者拍拍他,等他睡着后再离开。

2. 通过心理暗示的方式鼓励孩子独睡

家长可以通过心理暗示的方式,激发孩子潜在的独立意识,让孩子敢于挑战自我。比如,带孩子去可以独睡的小朋友家里做客,然后故意当着孩子的面问小主人跟谁睡,并夸奖小主人:"你真勇敢,敢自己一个人睡一张床!"从而激发孩子独睡的愿望。

然后，家长可以带孩子一起参观小主人的床，夸这张床柔软、整洁、漂亮，让孩子也想拥有自己的小床。

3. 用"妈妈的味道"代替妈妈的手

妈妈可以给孩子买一个比较舒适的小抱枕，并且向孩子演示抱着这个抱枕很舒服的样子，然后再给孩子抱。这时，孩子会认为这上面留有妈妈的气息，他就会很喜欢这个抱枕，从而淡化对摸妈妈手的触觉。

4. 循序渐进地培养孩子独自入睡

如果想让孩子拥有独立的性格，可以在2岁以后循序渐进地训练孩子独自睡觉。孩子喜欢摸着妈妈的手睡觉，其实跟独立性没有什么必然的冲突。

比如，先让孩子和家长同床不同被。刚开始时孩子也许不习惯，家长可以在入睡前陪孩子躺下来读读故事，把手给他握着，睡着后再分开被子。

接着，跟孩子同房不同床。刚开始可以在孩子床边说说话，等孩子睡着了再离开。如果孩子半夜醒来，家长要第一时间过去对孩子进行安抚。

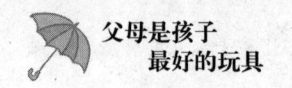

▶ "手抓饭"也很香

有许多孩子总喜欢用小手抓饭吃,并且吃得津津有味。家长却觉得这样既不卫生也不文明,坚持要喂孩子,可是经常遭到孩子的拒绝。

其实,孩子用手抓饭吃也是独立意识萌发的表现,家长应该支持。

多多之前吃饭都是由妈妈喂,可是慢慢地,妈妈发现多多在吃饭时开始捣蛋了。

妈妈喂多多吃蛋羹,他就故意闭着嘴巴不吃,然后把勺子夺过去,在碗里敲啊敲。但是他敲归敲,却不拿勺子给自己喂饭,而是一边敲打碗,一边用手抓饭吃,结果把饭撒得到处都是。

即使这样,多多也非要自己吃,妈妈都急坏了。

最后妈妈实在没辙了,只好采取"武力"解决——打小手。这招倒是挺管用，多多不再用手抓饭了，可是他的胃口却大不如从前。妈妈开始费尽心思给他做各种各样好吃的，但他总是挑三拣四的。

对于大人来说，吃饭就是为了填饱肚子，喂孩子吃饭也是想让他多吃点，长得壮壮的。但孩子却不这么认为，用小手从碗里抓饭再喂到自己嘴里，对他来说就是一项游戏，他可以从中感受到乐趣。一旦家长要喂他，阻止他体验这项乐趣，他自然不乐意。

孩子学吃饭，实质上是一种兴趣的培养，这跟看书、玩耍没什么两样。起初，他往往喜欢用手抓来掌握食物的形状和特性，通过抚触、品尝等初步熟悉食物。

从科学角度而言，没有孩子不喜欢吃的食物，只有孩子对食物接触次数的频繁与否。而只有通过这样反复"亲手"接触，孩子对食物才会越来越熟悉，将来才会不挑食。

低幼儿的吃饭标准应该是愉悦的。1岁孩子手抓食物的过程，对他来说就是一种愉悦。

8个月以上的孩子已经萌生了独立意识，更愿意尝试着自己做事。家长让孩子用手抓食物吃，会满足孩子动手的愿望，也会使他对自己进食更有兴趣。这样做，一来促进了孩子良好的食欲，二来对孩子发展独立性也有很大的好处。

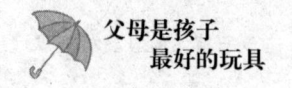

[情感引导]

1. 允许18个月以下的低幼儿用手抓饭吃

对于1岁左右的孩子来说,吃饭不在于吃多少,而在于熟悉食物。孩子如果对食物感兴趣,能够做到开心地吃饭,远比怎么吃更重要。

如果孩子还不到18个月,家长可以将一些孩子能吃的食物切成方便拿捏的小块放在盘子里,把孩子的小手洗干净让他自己用手抓着吃。比如,捏小块的香蕉、鸡肉、面包等。

不过,家长要把像花生米、瓜子、糖块、葡萄等不适合孩子独自吃的食物收起来,避免孩子卡住喉咙。然后,等孩子18个月以后,再逐步教孩子用勺子、叉子吃饭。

2. 鼓励孩子自己吃饭并准备好条件

当孩子主动用手抓饭的时候,就是在给家长一个信号:我可以独立吃饭了。这时候,家长就要趁机培养孩子的独立性。

孩子刚开始自己吃饭时用不好勺子,家长可以一边拿勺子喂,一边教孩子怎么去用勺子。

家长还可以为孩子准备一把儿童餐椅,让孩子坐在儿童餐椅上就餐，这样可以防止孩子吃饭时乱跑，也避免了家长追着孩子喂饭。

3. 不要强迫孩子吃饭

要想培养孩子独自吃饭的好习惯，家长需要注意的一点是，不管出于什么原因都不要强迫孩子。

家长发现孩子不爱吃饭，不能变着法儿去逼他吃饭，要慢慢观察孩子为什么不爱吃饭。

对于能够表达的孩子，家长可以问问孩子是因为某些食物的口味不能接受，是不想吃太酸的、太甜的或者太油腻的，还是因为不喜欢某些食物的颜色。

当家长了解了孩子不喜欢吃饭的原因后，再有意识地进行调整，做出让孩子满意的饭菜，孩子就一定会主动吃饭的。

4. 纠正孩子错误的吃饭习惯

在让孩子学会独立吃饭的问题上，家长还需要纠正孩子一些错误的吃饭习惯。比如，有些孩子为了玩，通常不好好咀嚼就急着把饭菜咽下去。这时候，家长要教孩子小口小口地吃，告诉他饭菜要细嚼慢咽。

还有的孩子吃饭时坐不住，喜欢满屋子跑。针对这样的情况，除了上面提到的给孩子用儿童餐椅外，还要注意不要把容易分散孩子注意力的玩具放在他旁边。

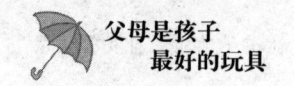

还有些孩子吃饭时会不小心打翻碗勺。其实，这种状况多半是因为孩子使用不当引起的，家长不要批评他，而要耐心指导他如何使用碗勺，并且尽量为他选带吸盘的碗就不容易打翻了。

▶ 让孩子独立的自我管理课

许多家长发现，随着孩子慢慢长大，他变得越来越勤快，什么事情都想亲力亲为。

当家长看到孩子做事困难，想去帮上一把时会遭到孩子的拒绝。这时候，家长应该尊重孩子的意愿，让孩子独自去做一些力所能及的事。

爸爸刚进门，就看到东东从冰箱里拿出一瓶饮料，然后往杯子里倒，可是大部分饮料都没有倒进杯子里，而是流到了地上。爸爸正要过去帮忙，东东看到了，赶紧抱着饮料瓶回到他的房间，再继续往另一个杯子里倒。

吃过饭后,爸爸陪东东一起玩拼图,东东照着拼图的图纸慢慢开始排列,可是排了半天也排不好。一旁的爸爸看着着急,就拿起一块红色三角形帮儿子放,没想到东东却喊道:"我自己来!"爸爸一时都呆住了。

平时,东东还特别喜欢放水玩。每次,奶奶用塑料管接着水龙头给大盆里放水,东东都会兴冲冲地跑过来说:"我来拿水管。"奶奶害怕他把水弄得到处都是,就想自己拿,没想到东东竟然一把推开奶奶,自己还哭起来了。

2~3岁正是孩子自我意识萌发、大小动作技能发展、逐步走向独立的阶段,这时候,孩子对什么事情都想尝试一下。

家长如果能对孩子的独立活动予以支持,孩子就会逐渐学会一些技能,并且越来越独立,反之就会逐渐退缩。所以,当孩子表现出"自己来"的动手愿望时,家长要尽量满足孩子的这种独立愿望,鼓励孩子做一些力所能及的事。

孩子有了"以自我为中心"的感觉后,做事时会注重自己的感受,想要自己一个人把一件事情做成功。这时家长在一旁帮忙,孩子自己动手尝试的感觉、自己做事成功的体验就会被破坏,所以他往往会拒绝家长帮忙。

而且,如果家长帮忙的话,孩子会觉得家长认为他不

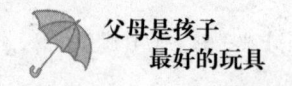

行，不信任他的能力。所以，家长应该鼓励孩子自己去做，哪怕做错了也没关系，因为只有在一次次错误和失败的体验中，孩子才能总结出正确的做事方法，才能有成就感，才能越来越自信，越来越独立。

因此，家长在这个时期一定要做好正确的引导，不要对孩子过分保护，而要多给孩子尝试的机会，引导孩子朝着自立、自信的方向发展。

［情感引导］

1.给孩子独立做事的机会

家长在孩子笨手笨脚做事时不要去帮忙，给孩子自己尝试的机会。孩子只有试过才知道哪些事情他能够去做，哪些事情他做不了。并且，孩子只有通过自己动手做一些事情，才能慢慢具备独立自主的精神。

否则，家长不顾孩子的反对，什么事都替孩子去做，孩子就会越来越懒于思考、懒于寻找解决问题的方法，遇事就想找大人帮忙，也就逐渐丧失了独自解决问题的能力。而这些肯定是家长不愿意看到的。

给孩子独立做事的机会，对于孩子的心理发展来说有着非同寻常的意义，不容忽视。

2. 找出孩子能够做的事

家长可以有意识地去训练孩子自己做事，首先要想一想孩子能够做什么。比如，孩子能从 1 数到 5，那在吃早餐的时候可以让孩子负责拿面包，拿够 5 片。

如果孩子想要扫地、拖地、倒垃圾等，不妨把这些事情也交给孩子去做，哪怕扫得不干净、拖得不干净也没关系，重在尝试。

3. 训练孩子循序渐进地做事

家长应该了解，就像孩子在走路之前要先学会爬行一样，孩子也要慢慢地去掌握一些技能。在这个过程中家长不要心急，而要多给孩子一些犯错误的机会，一次做不好，两次可能就做好了。

家长可以根据孩子的特点，教孩子循序渐进地做事。比如，早上起床穿衣服，你要教孩子先穿一只衣袖，然后再穿另一只衣袖；衣服对整齐了，先系上一个扣子，再看看衣服是否整齐了再继续系。

家长一定要明白，即便孩子只学会了一件事情的一部分，那也是一个很大的进步。家长应该鼓励孩子说："宝贝，你做得不错！"

父母是孩子最好的玩具

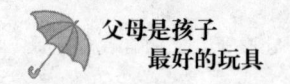

▶ 别做控制型家长

随着孩子慢慢长大,他会变得有些不太听话,什么事情都想要自己做决定,而家长就会从中干涉。

其实,孩子有了自己做决定的意识,往往就是家长培养他独立性格的契机。所以,家长不妨放手,给孩子自己做决定的机会。

星期天,妈妈带着3岁的女儿莉莉去百货商店买衣服。

到了服装店后,妈妈看中一件红色的小裙子,想让莉莉试一下。可是莉莉偏不肯,指着一件淡蓝色的裙子,说:"我要这件。"妈妈嫌浅色的衣服容易脏,不好洗,就不同意给莉莉买。但是莉莉却赖着不走,最后妈妈只能买下那件淡蓝色的裙子。

除了买衣服,莉莉在别的事情上也是越来越有"主见"。比如说，爸爸妈妈想带莉莉去爬山，她非要穿皮鞋，妈妈告诉她爬山穿运动鞋更轻便还防滑，但她就是不听。

妈妈只好让莉莉穿皮鞋去爬山，结果爬了一会儿，她因皮鞋底不防滑而连连摔跤。

孩子在2～3岁这个阶段经常想要自己做决定，这跟孩子独立性增强密切相关。比如，孩子想要决定自己穿什么衣服，这是他希望能更多地控制周围环境的一种表现。

孩子之所以变得喜欢做决定，是因为他更多地和周围的人融合在了一起。比如，在公园、幼儿园等地方玩耍的时候，其他小伙伴穿什么衣服会给他带来一定的刺激和记忆，下次他就会有意识地去模仿。

同时，2～3岁这个阶段，也是孩子审美萌芽的阶段，而审美期往往和叛逆期结伴而来。所以，到了这个阶段，孩子常常喜欢自己做决定来表达自己的意愿。

孩子喜欢自己做决定，还因为他已经有了自主意识，有了自己做决定的需求。

如果家长不顾及孩子的这种需求，孩子的自主意识就会被抑制，独立性也会被削弱。长大以后，孩子可能因为缺乏判断力和选择能力，凡事喜欢依赖，缺乏主见，缺乏责任感，相信这也是家长最不愿意看到的。

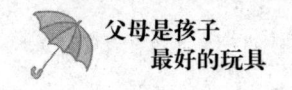

[情感引导]

1. 用商量的语气代替命令的语气

许多家长在要求孩子做事时,喜欢用命令的口气,比如说"你应该这样做""我不喜欢你老是吃薯片""你不要跟闹闹一起玩"等等,这种命令的语气会让孩子觉得家长很专制,很容易激起他的反抗情绪。

其实,1~3岁的孩子已经开始有了自己的想法,家长要多多支持孩子的想法。比如,给孩子买玩具时,家长要征求孩子的意见,尽量买孩子喜欢的玩具;给孩子报特长班时,也应该让孩子自己去选。

这样,孩子会感到家长尊重自己,这也能帮助孩子建立独立思考的意识,提高孩子独立处理事情的能力。

2. 给孩子自己做决定的机会

只要不是原则性的问题或者是有危险性的事情,家长不妨放手让孩子自己做决定。比如,带孩子逛商场的时候,可以在经济能力许可的范围内尽量让孩子自己挑选需要的物品。

当然了,还有很多时候孩子不能做决定。比如,孩子想要买的东西数量特别多,家长可以给孩子规定一下数量,然后让孩子在规定范围内做选择。这样为孩子提供了自己做决定的机会,从而会锻炼孩子的独立性。

3. 适时顺应孩子的要求

如果孩子非要按照自己的想法做决定,哪怕是错误的,家长也不妨顺应他一次。因为2～3岁是孩子的叛逆期,如果家长坚决反对孩子的意见,只会加剧家长和孩子之间的矛盾。

比如,大晴天里孩子非要穿雨衣出门,这样的穿着虽然奇怪,但是并不会对他造成影响,家长不妨尊重孩子的决定。如果他出门后,别人对他的穿着提出异议,下次他就不会那么穿了。

4. 让孩子知道做决定的后果

孩子做了决定后,家长应该让他体验做决定的后果,从而让孩子不断提高判断能力。

比如,女儿坚持穿裙子去爬山,结果不小心被裙子绊倒而磕破了膝盖,你不应该说:"看你不听话,穿裤子多好。"而应该说:"你想一想,如果下次我们再来爬山,是穿裙子还是裤子更能保护自己?"

孩子亲身体验了做决定的后果后,经验逐渐增多,做决定的能力与技巧也会渐渐提高。

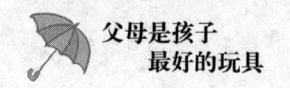

▶ 小帮手也是好帮手

许多家长都发现,孩子一旦会走了就变得格外"勤快",无论家长做什么,孩子都想"帮上一把",但基本都是帮倒忙。

源源最近真是"勤快"极了,无论父母做什么,他都要充当一回"小帮手"。比如爸爸给他安装三轮自行车,他也拿来工具拧一拧;妈妈给爸爸倒水,他也要把奶瓶里的奶倒给爸爸;他总喜欢往桌子上爬,或者踩着小板凳上更高的地方取东西。

星期六,这一整天源源都没闲着。早晨,看到妈妈在扫地,源源就兴冲冲地跑过来,夺过妈妈手中的扫帚,像模像样地在地上划拉起来。可不一会儿,妈妈扫过的地方就被踩出不少小脚印,可谓是"越帮越忙"。不过,看在源源如此勤劳的分儿上,妈妈还是任由他劳动。

星期天，姑姑要出差在收拾行李。源源看到姑姑在叠衣服往箱子里放，他也去帮忙，把家里的遥控器、枕巾、他的零食也一股脑儿地塞进箱子里，害得姑姑又一件件地掏出来。

看到爸爸妈妈在劳动，两三岁的孩子总想过来"插一手"，即便拒绝他的"好心"，他也会坚持过来"帮忙"。

孩子的这些行为是独立意识觉醒的标志，他相信自己有一定的能力，并且急于体现自己的能力。

孩子在插手大人事情的过程中，会发现自己不仅能够拿起小锤子，还能把纸盒子踩扁……他对自己不断增长的"本领"充满了惊喜，于是越发地想要投入到更多的事情中，以此来验证自己的能力。

但是，孩子因为年龄小，缺乏做事的能力和经验，所以常常好心办坏事。本来想洗衣服，结果把自己弄湿了；想要帮忙摆放碗筷，结果把碗摔碎了；想要帮忙整理衣服，结果把衣服都弄乱了。

有的家长看到孩子爱帮忙，就觉得他纯属是捣乱，所以总是阻止。孩子如果不听劝，家长甚至会进行批评。

其实，家长的这种态度是不对的，这样会剥夺孩子独立做事的权利，会打击孩子做事的热情。时间长了，孩子就会失去劳动的兴趣，凡事都想坐享其成。

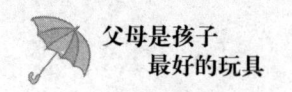

所以，家长应该把孩子帮忙看成一种提升他劳动能力的机会，让他从中锻炼做事的方法，体验做事的乐趣。

[情感引导]

1. 帮助孩子爱上做家务

家长想要让孩子成为自己得力的"小帮手"，就要想办法让孩子爱上做家务。

平时做家务的时候，家长可以试着引导孩子说："宝贝，你能帮妈妈擦桌子或者摆放筷子吗？"让孩子选择其一，尝试一下。如果孩子做得好，家长就要多表扬，提升孩子做家务的热情和自信心；如果做得不太好，家长可以耐心教孩子，一步步地给孩子做示范。

时间长了，孩子做事的积极性不但能提高，做事能力也会得到提升。

2. 让孩子在帮倒忙的过程中掌握做事技巧

许多家长一看到孩子一刻也闲不住，就埋怨孩子太调皮。但如果孩子什么也不做，那才是真正可怕的。并且，孩子表面上的调皮捣蛋看起来不好，实际上却有利于增长他的才干。

比如，以前彤彤择菜是胡乱地把青菜掐断，但妈妈还是很乐意接受女儿的"帮忙",并且,每次她都会表扬女儿哪里做得好,提醒哪里需要改正。现在,彤彤已经懂得把青菜叶子和茎分开来摘断了。

3. 跟孩子一起协作劳动

家长在教孩子做家务的时候,不要跟孩子分开做,而是要协作。比如,教孩子整理衣柜,可以先让孩子和自己一起学习将衣服分类,然后再让他学习怎么叠放衣服,最后教会他怎么把叠好的衣服放在衣柜里。

这样做,一来可以让孩子有学习劳动的机会,二来家长可以教会孩子如何做家务。

▶ 别在该放手时选择包办代替

现如今,许多家长因为工作忙选择让老人来帮忙带孩子。但老人带孩子会有一些弊端,比如,对孩子应做的事都包办代替。

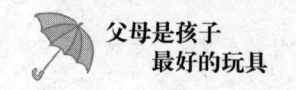

当然，不只是老人，许多家长也会对孩子的事情包办代替。殊不知，包办代替是独立最大的敌人。

家长对孩子凡事都包办代替，孩子得不到锻炼，会让孩子缺乏许多至关重要的经验。这样，孩子长大后即使会做，也不会用好的习惯去完成，造成适应社会的能力不足。

画画从小一直是爷爷奶奶带，爸爸妈妈觉得这没什么不好，有人分担，他们能轻松不少。可是画画上幼儿园后，好多问题就凸显出来了。

有一次，幼儿园组织大扫除，所有的孩子都要参加。爷爷怕累着画画，跟老师申请要自己代替孩子去做卫生。老师拒绝后，爷爷就借口画画不舒服，需要请假。

还有一次，上思想品德课，老师讲了助人为乐的故事，鼓励孩子多做好事，并要求孩子第二天去学校讲讲自己以前做好事的过程。

奶奶觉得画画还小，没有能力去帮助别人，于是就想出一个办法：让画画扶着她在屋里走了几步，到时老师问就说是扶老人了。

就这样，画画已经3岁多了还是什么都不会做，动手能力也比同龄小朋友差很多。

2～3岁的孩子虽然小，但也能做一些力所能及的事情。比如，学习穿衣服，自己洗手洗脸，自己如何用勺子吃饭等。

所以，家长应该改掉包办代替的做法，允许孩子去尝试，去犯错，自己只需在旁指导监督就行了。要知道，尝试和犯错就是学习的基本形式。

生活中，每一件事、每一项技能都是孩子最好的学习机会，家长应该放手让孩子去做，给孩子实践的机会。

[情感引导]

1. 家长不妨懒一点儿

人们常说，有一个懒家长，便会有一个勤快的孩子。

确实，懒家长什么事情都不去代替孩子做，而是放手让孩子自己去做。比如，让孩子学会扫地；吃完饭，让孩子擦桌子；袜子脏了，让孩子尝试着自己洗。

也许孩子第一次、第二次做得不够好，但只要多给孩子机会，并且教会孩子正确的方法，让孩子不断地练习，时间长了，相信孩子会越做越好。

2. 把做事的主动权交还给孩子

别看3岁的孩子年龄小，但家长应该把做事的主动权交还给他。比如，吃饭时让他自己吃，想要什么东西让他

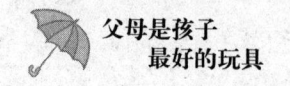

自己去取，不玩的玩具让他自己收拾好……这些在大人眼里看起来的小事都由孩子自己去做，对他来说就是一次次锻炼的机会。

家长在让孩子主动做事的时候，不要让他去做一些超出他年龄和能力范围内的事情。这样是出于为孩子的安全考虑，也不会挫伤孩子做事的积极性。

3. 要保持一定的耐心

由于2～3岁的孩子还小，动手能力不足，所以家长让孩子独立做事的时候要保持耐心：一是要对孩子有耐心，慢慢教会孩子做事；二是自己要有耐心，抑制住自己想要前去帮忙的冲动。

当孩子独立做事的能力越来越强时，家长不要忘了及时表扬，这样能增强孩子的自信心。

第四章

自律：你的自控力，决定孩子的自律力

许多家长都发现，孩子动不动就爱发脾气，做什么事都没有耐心，看到喜欢的东西就想买……其实，这些都是孩子没有自律力的表现。

自律对每个人来说都是很重要的能力，而孩提时代正是培养自律力的关键时期，让孩子养成良好的习惯，让孩子懂得唯有自律才能有从容的人生。

父母是孩子最好的玩具

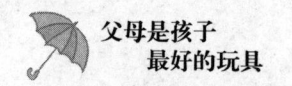

▶ 童年不只在动画片里

有的孩子从几个月大就开始看电视了，因为电视的各种影像和色彩让他感到好奇。再大一点儿的时候，他就会对各种动画片感兴趣，有时候甚至看一天电视。

孩子长时间看电视，除了对视力不好外，也是不自律的表现，需要家长进行约束。

妈妈为香香迷恋动画片的事情很是头疼。

香香每天从幼儿园回来，第一件事就是打开电视看《小猪佩奇》，即使是吃晚饭的时候，她也要把饭碗端到沙发茶几这里来，一边看电视一边吃东西。而老师留的作业，十天有七天她都会忘记做。

到了周末，如果爸爸妈妈不带她出去玩，她就会一整天看电视。如果有人来制止，她就会大哭大闹。

对此，家长感到非常无奈。

转眼寒假到了,香香由于每天长时间窝在被窝里边吃东西边看动画片,导致精神萎靡,懒洋洋的,不仅身体胖,而且视力也受到了严重损害。

此外,由于香香每天不运动,消耗不掉的精力又转化成无理取闹的动力。因此,香香常常会制造出各种事端来发泄情绪。

孩子之所以喜欢看动画片,有多方面的原因。首先,动画片符合0～3岁年龄段孩子的特点。这一阶段的孩子感知发展迅速,对色彩、声音非常敏感。而动画片有鲜艳的色彩、极富感染力的配音,这都能吸引孩子的注意力。

其次,孩子对新事物有强烈的好奇心,而动画片里的人物造型独特、夸张,他感觉很新鲜,愿意多看。

最后,动画片里的场景与他每天生活的小环境全然不同,这种好奇的心理使他爱上这些稀奇古怪的小精灵,愿意与它们为伴。

此外,动画片还能促使孩子萌发想象力,让他沉浸在动画片营造的世界里。

总之,动画片是符合儿童心理特点的,家长对此应该正确认识,要做到在让孩子通过看电视增长知识和获得快乐的同时,将电视带给孩子的负面影响减到最低。

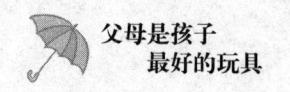

[情感引导]

1. 限制孩子看电视的时间

家长可以让孩子适当看电视,但是一定要限制时间。比如,孩子每天看电视最好不超过 30 分钟。当时间快到时,家长要提前提醒,这样可以让孩子在时间到了后顺利离开电视。

给孩子限制看电视的时间,不仅能够让孩子的眼睛得到休息,还可以让孩子腾出时间做一些其他方面的运动。

2. 多陪孩子一起看电视

孩子在看电视的时候,家长可以陪着一起看,还要跟孩子进行沟通,适时引导孩子让他离开电视。比如,在插播广告的时候,家长可以说:"动画片里的孩子都睡觉去了,宝宝也快去睡觉吧!"

在看一些知识型比较强的节目时,除了让孩子觉得有趣之外,面对孩子提出的问题,家长可以在一旁耐心地答疑解惑,把孩子引导到更深入的学习中去。

总之,同样是看电视,如果家长能够用正确的方式方法去引导孩子,那么就会得到意想不到的效果。

3. 给孩子起好带头作用

其实，要想让孩子不看电视或少看电视，家长就应该从自身做起，花更多的心思来筹划有趣的家庭活动。比如，跟孩子一起做游戏，给孩子讲故事，等等。

对于孩子来讲，爱看电视是因为他还没有发现比看电视更有趣的活动，看电视就是一种"玩"的形式。

所以，家长要想办法给孩子创造一些比看电视更有趣的活动，以此来转移孩子的注意力，并参与其中，不失为一种有效且有益的方法。

4. 降低电视在家庭中的影响力

家长要尽量降低电视在家庭中的作用，这样才能让孩子改掉长时间看电视的坏习惯。

比如，不能边吃饭边看电视；不要在卧室放置电视机，以免让孩子对电视产生依赖。另外，当孩子不高兴时，家长也不要想着打开电视来哄孩子。

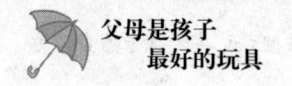

玩具 VS 自制力

在教育孩子的过程中,许多家长都会遇到这样一个让人烦恼的问题:每次带孩子经过玩具店,他都会哭闹着要买,不买他就赖着不走。

周末的午后,妈妈带着星星去超市采购生活用品,星星看到了小猪佩奇玩偶,非要买。

因为家里已经有了一个,妈妈就不想买。没想到星星紧紧抱着那个玩偶,任妈妈怎么解释也不松手,还一屁股坐到了地上,呜呜大哭说:"我要小猪佩奇,我就要小猪佩奇……"无奈,妈妈只好依了他。

来到另一个柜台前,星星又看到一台故事机,缠着妈妈给他买。

妈妈说现在还用不到,不能买,他又故伎重演。这让妈妈很难堪,无奈之下只好给他买下了。

因为害怕星星不停地要玩具，妈妈就匆匆带他离开了超市。

回家的路上经过一座公园，在公园门口有两个卖玩具的摊位。星星就不走了，看什么都摸摸，妈妈没办法，只好强行把他拉走了。

现在的物质生活比较丰富，玩具款式又多又新，家长也很舍得花钱给孩子买。可是，这样随时随地满足孩子无止境的物质欲望，就会给他一个错误的信息：无须付出任何代价就可以得到想要的东西。

其实，很多时候孩子想买玩具是因为有了占有欲。

孩子过了2岁以后，开始对买东西产生兴趣。这个阶段，孩子对世界的认识是以自我为中心的，因此会认为"我可以拥有想要的一切"。你看，当家长带孩子去玩具店时，他会两手抓满玩具汽车和娃娃，赖着非要买。

面对耍赖的孩子，有的家长会强行拽着孩子离开，有的家长则头也不回地往前走，任凭孩子在后面哭着嚷着要买。

有过几次这样的经历后，家长就会发现，孩子哭闹耍赖，大人发火，其实对双方都不好。家长要想纠正孩子这样的行为，就应该采取科学方法来正确引导孩子。

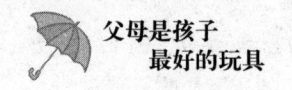

[情感引导]

1. 孩子哭闹要玩具时可以警告

如果孩子习惯用哭闹来达到目的,家长有必要让孩子看到自己严厉的态度。

家长可以俯下身子,注视着孩子的眼睛,坚决地说:"你这样又哭又耍赖的话,就什么都不给你买了!"

如果在人多的地方,可以这样跟孩子说:"这里是公共场所,你这样会吵到其他人,跟妈妈到别处去说。"然后把孩子带走。

此后,孩子仍然不罢休的话,最好的办法就是摆出不理睬的态度,一直看着他闹。孩子闹一会儿就会明白,自己闹来闹去也没有用,爸爸妈妈照样不会给自己买玩具。这时候,大部分孩子会灰心丧气,不再耍赖。

2. 出门前跟孩子约法三章

家长带孩子购物前要先跟孩子约法三章,哪些东西可以买,哪些东西不能买。最好列一张清单,到了超市不能买单子上没有列的东西。如果孩子不听话,家长会立刻带他回家。这样,孩子到了超市就会有所顾忌。

3. 让孩子跟其他小朋友分享玩具

当孩子玩玩具时,家长可以让孩子把自己玩过的玩具跟其他小朋友互相交换着玩,这样让孩子不仅不会对玩具有腻烦感,还会带来新鲜感。

▶ 别让坏脾气毁了孩子

虽然1~3的孩子年龄小,但是一旦发起脾气来,家长也不知道怎么办才好。

其实,孩子随意发脾气也是不自律的表现。因此,家长应该引导孩子学会正确处理自己的情绪,克制自己的坏脾气。

欢欢只要一生气就会摔东西,她的玩具很多,但是完好无损的基本没有,因为都被她摔坏了。

生活中,有一点儿不如她的意,她就会发脾气。上次妈妈没给她买小猪佩奇玩具,她就差点儿把妈妈推一个

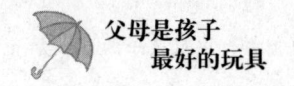

趔趄。爸爸反对她做什么事情时，她也会大吼一声："坏爸爸！"

一次节假日，姑姑来家里做客时，欢欢正在搭积木。本来欢欢已经搭得很高了，就在她把最后几块积木堆到高处时，不小心碰到了旁边一块积木，她搭建的"高楼大厦"一下子就倒塌了。

欢欢见状，哇的一声哭了，还把所有的积木一块块扔向远处。姑姑劝她重新搭，可她就是不听。

爸爸妈妈教育过她，也训过她，可她还是那样，现在都不知道拿她怎么办才好。

遇到孩子发脾气时，赶快"灭火"虽然必要，但这只能解决一时的问题。正确的方法是，平时对孩子加强教育和培养，弄清楚孩子爱发脾气的原因，然后再有针对性地采取措施。

许多家长自身没有能力承担某种责任或者解决某种困难，就常常大发雷霆，有时甚至会将怒气撒到孩子身上。

家长这种行为往往会被缺乏辨别能力的孩子加以效仿，导致孩子在遇到困难时也会照搬家长的处事方式，做出一些不良行为。因此，要让孩子养成控制情绪的好习惯，家长要以身作则起到示范作用。

[情感引导]

1. 听听孩子发脾气的原因

在孩子生气摔东西时,许多家长喜欢惩罚孩子,以为这样才能达到教育的目的。殊不知,这样做只会引发孩子对家长的不满和惧怕。

孩子发脾气一定是由某种不愉快的经历引起的,家长如不能帮助孩子疏导这种坏情绪,那么就无法解开孩子的心结,让孩子在不愉快的情绪中越陷越深。

因此,当孩子发脾气时,家长应该耐心询问孩子发脾气的缘由,然后帮助孩子解决问题。

2. 合理满足孩子的要求

孩子爱发脾气,大多是因为欲望得不到满足引起的。因此,对孩子的各种要求,家长应该客观地去考虑是否合理。如果要求正当且有条件满足,那么家长就应该允诺;如果要求不正当,那么就不能心软地盲目迁就。

比如,孩子说:"妈妈,给我讲个故事吧。"或者说:"爸爸,教我折个纸飞机,好吗?"对孩子这样合理的要求,家长就要认真对待,不要随便打发孩子,否则会挫伤孩子的自尊心和求知欲。

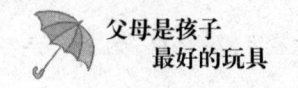

但即使是合理的要求，若孩子是用要挟的手段提出来的就不能满足他，否则会助长他的错误行为。

3. 冷处理孩子的坏脾气

孩子发脾气时，家长可以采取冷处理的办法：即无视孩子的脾气，找一件事让他去做，转移他的注意力。比如，放一集动画片，让孩子玩他喜欢玩的玩具，等等，也可以换一个安静的环境来让他冷静一下。

家长要耐心帮助孩子改掉乱发脾气的坏习惯，但是这需要一个过程，因为孩子的自控力不是一下子就形成的。

4. 安抚情绪后再对症下"药"

孩子在发脾气时心情肯定是不愉悦的，需要得到他人的理解和支持，尤其是来自家长的安抚。比如，孩子因为搭好的积木倒了而发脾气，那么就要教育他下次搭积木时细心点儿。然后再进一步告诉孩子，即便是积木搭建好了也还是要拆掉的，所以倒了重新再搭就是了，发脾气完全没必要。

这样，在孩子的情绪得到安抚后再给他讲道理，他就会容易接受多了。

▶ 读懂孩子的心

在日常生活中,家长一见自己的孩子比别人的孩子好动、情绪更易激动,或上课注意力不集中时,就会忧心忡忡地向医生咨询:"我的孩子是不是得了多动症?"

其实,孩子好动不等于"多动症",也有可能只是淘气。

"舟舟,你老实点儿行吗?"

这句话几乎是舟舟妈妈每天的"口头禅"。每天舟舟从学前班回到家就不消停,似乎总有使不完的劲儿,在家里乱蹦乱跳,让妈妈好不烦恼。

在幼儿园里,舟舟也爱吵闹,总搞些小动作,被他弄哭的孩子也有不少。因此,舟舟经常受到老师的批评和警告。

就这样,无论在家里还是在幼儿园里,舟舟都是一个

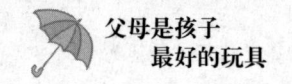

令人头痛的小家伙。但无论怎样批评、斥责他,好像对他都不管用。

孩子成天动个不停,的确让家长着急、犯难。孩子这样究竟是因为淘气,还是多动症呢?在没有定论之前,家长最好不要给孩子贴标签。

从体力方面来讲,1~3岁的孩子正是活泼好动的年纪,他们似乎精力特别旺盛,所以需要在运动中消耗自己的体力。在这一阶段,他们会无目的地到处跑、跳,在展示活泼好动的天性的同时,也反映出他们身心的发展规律。

从心理特征来看,此时孩子的注意力特点是无意注意占优势,主要表现是,他们不能长时间地把注意力集中在某一件事上,很容易被周围的环境所吸引。

随着年龄的增长,孩子的有意注意力会有所提升,有意识地注意某种事物的时间会明显增加,比如他们可以专注地看动画片、认真地听故事等。

孩子如果过于好动,就会出现注意力涣散的情况,以致无法对一件事情保持数分钟以上的专注力。这样孩子很难集中精力完成一整件事情,更别提获得成功了。因此,家长应该积极引导孩子,让孩子改掉多动的习惯。

[情感引导]

1. 通过游戏改变孩子好动的习惯

孩子平时坐不住、好动，家长可以通过让孩子玩游戏来帮助他改掉停不下来的习惯。

比如，家长跟孩子一起玩"木头人"游戏。在游戏中，一旦有人说出"一二三，我们都是木头人"，就谁也不许动，只能维持动作现状，谁动就算犯规，会被淘汰出局。

这个游戏可以说很适合好动的孩子玩，既可以让孩子获得乐趣，又能纠正孩子多动的习惯，可谓一举两得。

2. 对孩子进行注意力延长训练

针对孩子坐不住、好动的习惯，家长还可以对孩子进行注意力延长的训练。对于 1～3 岁的孩子来说，集中精力专注于某一件事的最长时间大约为 5 分钟。因此，家长不妨以此为目标，告诉孩子无论是搭积木、玩沙子，还是听故事，都必须坚持 5 分钟。

刚开始训练可以设为 3 分钟或 4 分钟，在孩子达到目标后再逐渐增加时间，这样可以让孩子有信心坚持训练，直至改变多动的毛病。

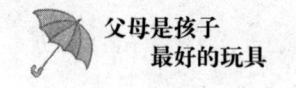

3. 允许孩子合理地动

对于 1～3 岁的孩子来说，家长可以每天为其安排足够的运动时间，让孩子尽情地释放自己，而不要有意缚束孩子。

同时要告诉孩子，哪些行为会影响到别人，比如看电视的时候在电视机前晃来晃去；哪些行为不会打扰到别人，比如自己拍皮球、玩玩具等。这样，孩子就会有规矩，该坐的时候能坐得住，该玩的时候就尽情玩，从而形成好习惯。

4. 与孩子结成同盟

家长可以跟孩子结成同盟，告诉孩子，他坐不住，爸爸妈妈是理解他的，而且会帮助他减少麻烦。

看到孩子坐不住时，可以把手放在孩子肩膀上，温和而有耐心地对孩子说："你坐下来。"这个做法比呵斥更能帮助孩子控制自己的行为。

在跟孩子说话的时候，家长要始终保持耐心，因为焦躁和威胁会让孩子紧张，更加坐不住。

如果孩子明白了家长是他的同盟而不是裁判和监工，那么他就会更容易接受家长提出的建议。

▶ 不要打断我

在日常生活中，常常会看到这样的现象：孩子在专心地摆弄玩具，大人站在边上非要阻止他，让他快点儿去吃饭；孩子刚搭一半积木，家长就催促他快点儿收拾，一会儿带他出门；等到孩子上了幼儿园，做事不能专注时，家长又开始抱怨孩子不专心。

殊不知，孩子不专心，家长自己也有责任。

妈妈下班回到家，发现豆豆破例没有像往常那样过来迎接她，而是趴在墙角的地板上神情专注地看着什么。

妈妈不知道孩子究竟在干什么，又害怕地板太凉，就走过去猛的一下从后面将豆豆抱起来。

妈妈原本想给豆豆一个惊喜，但没想到豆豆哇的一声哭了。原来豆豆正在地板上观察一只小蚂蚁是怎么搬运米渣的，妈妈却打断了她。

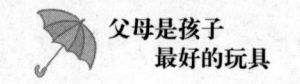

妈妈突然想起，豆豆去户外的时候最喜欢观察小飞虫。有一次豆豆正在专心地看小鸟，妈妈考虑到天快黑了就强行把她抱回了家，导致豆豆回家后一直哭闹不止。

许多家长根本没有观察意识，常常不分时间、不分场合地打断孩子正在做的事，导致孩子做事不能有始有终。比如，孩子正在捏橡皮泥，妈妈总是说："捏小饼干不好看，捏辣椒吧！"或者孩子正在涂鸦，爸爸在吃苹果，就要孩子过来也吃一块；孩子正在做手工，奶奶不时进来给孩子送这送那。家长这样做看似是关心孩子，实际上却会害了孩子。

孩子在专注做事的时候不断被打断，刚开始只会觉得爸爸妈妈烦，慢慢地就不愿意接着做了，养成做什么都半途而废的坏习惯。

因为孩子的思维活动也需要连续性，如果经常被打断、干扰，他的心就静不下来，时间久了，他做什么事情都没了兴趣和热情。做事情缺乏热情，自然做不长久，而没有耐力就说明孩子不自律，这对孩子的成长很不利。

持久的耐心是一个人最可贵的非智力因素之一，对于孩子的智力发展有着重要的推动作用。许多伟大的科学家和有卓越成就的人，尽管性格会有所不同，但是有一点相同，那就是他们都拥有超常的专注力。

0～3岁恰恰是培养孩子良好行为习惯的关键时期，所以，家长都希望孩子拥有良好的专注力，那就一定要注意，只要孩子正在做的事情没有危险性，就不要去打断。

[情感引导]

1. 给孩子的行为以尊重和理解

尽管1～3岁的孩子很小，但是家长也应该对他的行为予以尊重和理解。在孩子做事时不要随意打断，哪怕马上要开饭了，一会儿该睡觉了，家长可以在旁边静静地观察，尊重孩子正在进行的活动。

比如，孩子在涂鸦时，家长应该把他看成是画家在作画；孩子在观察小动物时，家长应该看成是生物学家在做生物研究；孩子在拆装玩具时，家长就看成是工程师正在搞研究。

理解和尊重孩子的行为，孩子的专注力就能被很好地保护起来。

2. 一定要打断孩子时，请提前征得他同意

家长如果有急事，一定要打断孩子，也要尊重孩子，就像尊重大人一样。例如，对孩子说："等你把这个小房子搭建好了以后，我们要去王叔叔家里做客。"或者说：

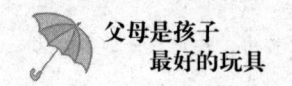

"等你吃完这碗饭,我们就去公园玩。"

需要注意的是,家长给孩子安排的事情需要经过他同意,不能只以大人自己为中心,否则孩子只会勉强接受。

3. 打断孩子前要提前提醒

家长因为自己的原因确实影响了孩子正在完成的事情,就应该诚恳地向孩子道歉,这样孩子也会明白打断别人的行为是不礼貌。

如果接下来确实有很重要的事情要去做,要提前提醒孩子:"时间快要到了,把手里这个弄完就要停一下了。"这样可以让孩子有一个缓冲的过程,而不会因为正在兴头上突然被打断而懊恼。

▶ 正面管教:哭闹不是武器

在生活中,我们经常会看到这样的情景:在人来人往的商场里,有的孩子经常会赖在玩具柜台前索要玩具。家长表示家里已经有了相同的或类似的玩具,但孩子就是不听,最后家长碍于面子只好妥协。

其实,孩子老是这样要求就有些过分了,此时家长应该坚决对孩子说"不",否则只会把孩子惯坏。

妈妈带着谦谦去商场准备买衣服,但是在经过玩具专柜时,谦谦看上了一款能发声搞怪的鳄鱼玩具,立刻就被吸引住了,非让妈妈给他买。

其实,妈妈在出发前就对谦谦提出了要求,只能买衣服,不能买玩具,谦谦也答应了。但是谦谦一到商场,就把跟妈妈的约定抛在了脑后。

妈妈表示不买,但是谦谦一直哭闹,并且大喊:"我要嘛,我就要!"妈妈看到有不少人前来围观,实在受不了他哭闹,只好给他买了。

谦谦不只是外出时这样,平常在家里也经常提一些过分的要求。比如,爸爸正在打电话,谦谦非要说:"爸爸,快过来。"爸爸不听,他就干脆上去抢爸爸的手机。

还有一次,家里来了客人在客厅聊天,谦谦当时正在看动画片,觉得大人聊天影响了自己,于是大喊:"都别说话了,我要看动画片。"爸爸说了一句批评的话,谦谦就立马发脾气。

其实,孩子通过大哭大闹、撒泼打滚达到自己的目

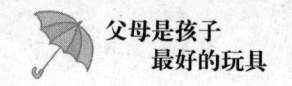

的，许多家长都遇到过。尤其是 1～3 岁的孩子最喜欢用这一招，这确实让人感到无奈。但想解决这个问题，也并不是一件难事。

很多时候，孩子想要达到某个目的，一开始是告诉了家长，期望得到家长的允许。但家长并没有给孩子回应，忽视了孩子的诉求，所以当孩子发现自己的要求被忽视的时候就很容易发脾气。

因为孩子太小，无法用准确的方式去表达自己的情绪，所以只能通过又哭又闹来引起家长的注意，从而让家长满足自己的要求。在这样的情况下，孩子一旦有一次通过哭闹达到了自己的目的，之后他就会把哭闹当成满足要求的手段，渐渐地就形成了习惯。

当然，对孩子的一些合理要求，家长应该予以满足，但是对于孩子的不合理要求，家长就要坚决制止。

其实，孩子有时候提出不合理的要求，往往是受了周围环境的影响。因为在这个物质丰富的时代，不但是孩子，连大人都难以控制自己的购物欲。

再加上现在的家庭独生子女多，家长对孩子的要求几乎是有求必应，这样就给了孩子一种"只要我想要，什么都能拥有"的惯性思维。一旦有一次要求达不到，孩子就会觉得自己受到了伤害，从而大哭大闹。

所以，为了让孩子建立起正确的价值观，家长应该狠心拒绝孩子的不合理要求，让孩子有效控制自己的欲望，从而形成正确的观念和习惯。

[情感引导]

1. 直截了当拒绝

2岁以前的孩子，语言表达能力还不强，如果家长给他讲比较深刻的道理，他很可能听不明白。所以，针对这个阶段的孩子，可以采取直截了当的拒绝方式——直接对他说"不可以"，或者是直接对他摇头，这样他更能明白家长的意思。

比如，孩子非要拿笔在衣服上作画，家长就要立马制止，让孩子知道这种行为是不被允许的。如果孩子不听，还是偷偷在衣服上作了画，家长甚至可以给孩子吃一点儿苦头，比如取消孩子吃零食的要求，以加深孩子对错误行为的印象。

2. 对孩子的无理要求进行冷处理

2～3岁的孩子正处在人生的叛逆期，这一时期的孩子往往不再像之前那样听话，大人说什么，他都会说"不好""不行"，显得非常有个性。

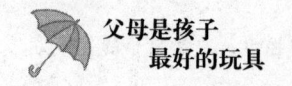

这时候，如果再对孩子的不合理要求进行制止，恐怕只会遭到孩子的反抗。所以，家长对孩子提出的不合理要求，可以采取冷处理的方式，避免跟孩子硬碰硬。

比如，当孩子大哭大闹的时候，家长可以不去理睬他，若无其事地做其他事情，或者干脆离开，等孩子的情绪恢复平静了再跟他讲道理。

如果孩子在公众场合撒泼耍赖，家长可以先把孩子带回去再冷处理，避免在大庭广众之下让孩子的自尊心受到伤害。

3. 拒绝孩子的态度要明确

家长在拒绝孩子的时候态度一定要明确，这是在拒绝这件事本身，而不是在拒绝孩子。也就是说，要让孩子明白，家长是对他做的这件事不认可，并不是不爱他。

对于孩子提出的不合理要求，家长要明明白白地告诉孩子为什么拒绝，语言要简单，不要反复劝阻、反复讲道理。拒绝的时候不要吼孩子，以免激起孩子的负面情绪。

还需要注意的是，拒绝的过程中尽量不要讨论对与错，只需要表明自己的态度就可以了。这样可以避免孩子反复提要求，拒绝按照家长说的做。

▶ 你的自控力，决定孩子的自律力

俗话说：无规矩，不成方圆。

家长在孩子3岁之前如果能给他立好规矩，对他的一生都是有益的。所以，家长应该重视规矩，不要对孩子百依百顺、一味地纵容，而要让他依照规矩做事、做人。唯有如此，他以后的人生才会更顺遂。

丫丫特别喜欢玩石头、剪刀、布的游戏，平时也特别爱跟爸爸对弈。

这天晚饭后，丫丫又邀请爸爸玩石头剪刀布的游戏，爸爸欣然接受。丫丫眼看自己就要输了，越来越不高兴。

奶奶为了让丫丫开心，就建议爸爸出慢点儿，让丫丫先出，爸爸拒绝了。丫丫因为求胜心切，也央求爸爸出慢点儿，爸爸同样坚决地拒绝了。

爸爸告诉丫丫："游戏规则就是规则，不能因为你个

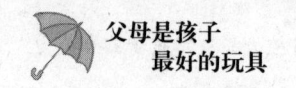

人的要求而改变。如果你想赢，需要自己动脑筋。"

听到爸爸这么坚决地说，丫丫特别不高兴，甚至开始哭起来，希望爸爸能够故意输给她。奶奶也在旁边劝说，但是爸爸依然坚持自己的原则。最后，在爸爸的坚持下，丫丫只好放弃作弊的想法，老老实实玩了起来。

现如今，每个家庭都是一到两个孩子，所以这些孩子都是家里的"小太阳"，爷爷奶奶、姥爷姥姥、爸爸妈妈都围着孩子转，孩子往往是想怎样就怎样，结果被惯得一点儿规矩都没有，尤其是在跟他人交往的时候，这些问题更是会暴露出来。

比如，有的孩子跟其他小朋友一起玩的时候，会抢玩具、乱扔东西，这样造成的后果，就是没有小朋友再愿意跟他一起玩。而孩子之所以会这样，就是因为从小没有给他立规矩。

早早为孩子立规矩，首先，这很符合孩子的行为、心理发展轨迹。因为随着孩子一天天长大，他的自我意识也开始萌发，他越来越以自我为中心。而且，这时孩子正是好奇心强、爱模仿的年纪，他特别愿意去尝试探索很多新鲜事物，模仿大人的行为。家长应该抓住这个时机科学地引导孩子的行为，这样会有事半功倍的效果。

其次，早早为孩子立规矩，可以为孩子打下人生基础,让孩子以后成为一个自律的人。

常言道,"三岁看老",就是说在孩子 3 岁前建立起来的规矩对他的一生都很重要。所以,在一些原则性问题上,家长应该重视起来,不能溺爱孩子,而是要坚决地让孩子遵守规矩,养成良好的行为习惯。

[情感引导]

1. 给孩子设立合理的约束和规范

家长平时要为孩子设立合理的约束和规范,这是帮助孩子养成好习惯的前提。

在让孩子执行规则的过程中,家长要尽可能保持一致,不能出现一个唱红脸、一个唱白脸的情况,也不能让心情、天气等成为孩子破坏规则的借口。

比如,给孩子规定每天早晨跟父母去公园锻炼 10 分钟,有时候孩子会以天气不好等为借口不去。面对这种情况,家长一定要予以纠正。

不过,在对孩子加强约束的时候,要注意方式方法,避免用威胁语言。比如,说出"你不去锻炼就不许吃零食"之类的话,这样会让孩子产生逆反心理,不利于以后孩子遵守规范。

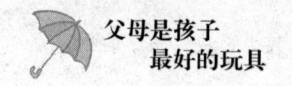

2. 让孩子学着收拾自己的用品

孩子大都习惯让家长打理自己的用品，比如，玩完了玩具之后，就随便把玩具扔在那里，转头去看动画片。这样不但会让孩子养成依赖大人的习惯，还会让孩子养成丢三落四的坏毛病。

要让孩子做到按规矩行事，首先，家长要给孩子树立这个意识。比如，孩子带着玩具去小伙伴家里做客，临走前忘记把自己的玩具带回来。此时家长也不要提醒，等回家后他找不到玩具就会记住教训。

以后，孩子就会知道有些规则必须遵守，否则就要自己承担后果。

3. 为孩子立规矩应该根据他的年龄特点

家长在给孩子立规矩的时候，应该根据他的年龄特点进行。比如，在孩子1岁左右立规矩，就是固定辅食次数和时间，让孩子养成好的饮食习惯；孩子在睡觉方面也需要有规矩，就是要养成早睡早起的良好习惯，避免"颠倒夜"的情况出现。

在孩子1岁以后，他的一些个性和情绪就会显露出来，喜欢什么、不喜欢什么都非常明显，而且也能跟大人进行简单的交流。在这一阶段，家长给孩子立规矩就是要让他明白什么该做，什么不该做。

第五章

勇敢：
培养内心强大的孩子

都说"初生牛犊不怕虎"，但生活中还是有很多孩子特别胆小，见到陌生人害怕、天黑了害怕、打雷了害怕……总之，遇事总不能勇敢面对，总想寻求保护。

这样发展下去，就会导致孩子缺乏勇气，这对孩子的成长非常不利。所以，家长应该注重培养孩子的勇气，让孩子跟胆小说再见，做一个勇敢的人。

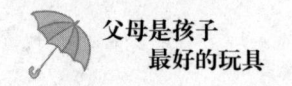

捕捉儿童怕黑敏感期

常有家长抱怨说孩子胆小,上床后灯一关就吓得把头蒙在被子里不敢出来;带他玩荡秋千,刚把他推出去,他就害怕地大喊让停下来;更别提平时下雨天打雷、闪电,他更是吓得钻进家长怀里不敢露出头来。

涵涵特别胆小怕黑,对外界的变化比较敏感。比如,每次晚上散步,走出家门他就紧张地喊:"妈妈抱,妈妈抱。"

晚上的时候,涵涵要求把家里的灯全部打开,哪怕某个房间没有人。到了睡觉的时候,涵涵不敢一个人睡,妈妈只好在他的房间里装了一台小夜灯,整夜开着。但是一到早晨,涵涵还是会捂着眼睛哭着醒来。

一次周末,爸爸妈妈带涵涵去公园玩,回来的时候天已经黑了。路过一个没有路灯的小道旁,涵涵突然大哭起来，爸爸拉着他的手，他也害怕，直到爸爸将他抱起来才作罢。

涵涵这样胆小，令爸爸妈妈很是头疼。

有些孩子怕黑，可能是因为在认知上出现了偏差，总将一些虚构的事物同现实生活混淆，认为这些东西在生活中会伤害自己。特别是在暗处，就会"看到"自己平时想象的"怪兽"等，从而产生极度的恐惧感。

还有的孩子怕黑、胆小、敏感，再加上外界一些不恰当的渲染甚至恐吓，更加重了他的心理负担。

如有的家长经常这样吓唬孩子："天黑了再乱跑，就让恶狼来把你叼去！""你再不睡觉，黑夜里有老猫会来咬你。"孩子虽然一时能够安静下来，但由此产生的恐惧感也会同时印在心里。

孩子胆小，会对他以后的生活造成不良影响，遇事容易退缩。比如，在学习和生活中，孩子会缺乏主动、勇气和自信，从而错过原本属于自己的机会。

胆小是孩子前进道路上的绊脚石，如果你发现自己的孩子胆小，应该及时帮他纠正。当然，纠正过程也不是一蹴而就的，家长需要具备足够的耐心。

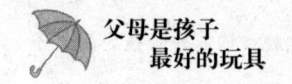

[情感引导]

1. 家长不能因为孩子胆小而对他恶语相向

为人父母,并不意味着自己拥有随意责骂孩子的权利。在孩子不敢跟他人说话时,切不可用"胆小鬼""没出息""真没用"等字眼来形容他,更不要当众斥责他,让他在众人面前抬不起头。这样会更加伤害孩子的自信心,使孩子丧失与他人说话的勇气。

家长应该体谅、接受孩子的感受,教导孩子随时把恐惧说出来。比如,孩子怕黑时,家长就要问孩子:"为什么怕黑啊?"孩子说:"天黑了有小狗出来。"家长明白了孩子害怕的原因,耐心给孩子解释,孩子就会消除对黑暗的恐惧。

2. 为孩子做勇敢的榜样

很多时候,孩子胆小是受了家长的影响,所以家长要先改变自己,不要无缘无故地害怕。如打雷时,妈妈不要大惊小怪的,让孩子受到影响;平时也不要遇到一点儿小事就表现得很害怕,如妈妈做菜时不小心划破了手,可以擦上一些红药水或包上创可贴。孩子看到妈妈一点儿不在乎,他遇到类似的事也就不害怕了。

另外，爸爸通常是勇敢的代名词，因此要多给孩子树立"男子汉"的形象。如遇到黑夜、狗、打雷等现象都要冷静、从容应对，然后告诉孩子他也可以做到。

3. 要与孩子共同找出害怕的原因并加以解释

家长不要忽略孩子心中的恐惧感，要知道他的这种感受是真实的。家长要安慰孩子，不要随意地去责骂和讽刺，更不能吓唬他，应多跟他沟通，了解他到底在害怕什么。

如果孩子害怕有黑衣人藏在衣柜里，那就打开衣柜，让他看清楚里面除了衣服什么都没有，帮助他摆脱恐惧感；如果孩子害怕小偷会闯进来，就向他解释已经锁好了门窗，况且有大人在家，大可放心；必要时还可以把灯打开，让孩子看看声音或阴影的来源其实是外面的树枝被大风吹动造成的，让孩子逐渐改变看法，克服恐惧。

4. 教会孩子处理问题的办法

孩子胆小害怕，家长应该教会孩子正确的处理方法，而且要慢慢来，不要指望孩子一下子就接受，否则孩子会更加惶恐。比如，孩子遇到打雷害怕，家长不妨告诉孩子，打雷的时候只要在屋子里捂上耳朵就很安全；如果孩子害怕小狗，那就告诉孩子看见小狗不要去追，那样一般会没事；孩子怕黑，不妨牵着他的手在他害怕的地方走一圈，告诉他黑暗的地方什么也没有，不用怕。

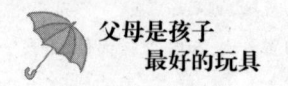

▶ 陪孩子一起拆卸玩具

很多家长常常抱怨:"我家的孩子简直就是个破坏狂,什么东西到他手里立刻变成废品。"

孩子破坏玩具确实让人头疼,但是家长因此去限制,又容易让孩子变得缩手缩脚。所以,在孩子破坏玩具这件事上,家长应该理性看待,正确处理。

爸爸出差回来了,给闹闹新买了一辆玩具汽车,闹闹玩起来爱不释手。可不一会儿,闹闹就把小汽车给拆成了好几块,轮子也掉了。

这是爸爸花了好几百元钱买的,可闹闹才不管呢。家里的奥特曼玩具,被他拆成了一堆零件;洋娃娃本来摆着漂亮的造型,他也把它的胳膊扭断了。

总之,闹闹简直就是一个"破坏专家"。家长每次买的新玩具都被他拆成一堆,可是拆掉了又装不起来。所以到现在,他的玩具几乎没有能玩的。

3岁左右的孩子非常好动,好像个个都是"拆卸专家",家里新买的玩具经常会被他破坏,买回来的启蒙书也被撕成一页一页的,这让家长很是头疼。

我们知道,3岁左右的孩子对很多事物都充满了好奇,所以对于一些物品他总想去摸摸动动、拆拆看看。尤其是孩子在玩玩具的过程中,会有许多疑问,他希望通过拆卸玩具找出答案,而这也正是他探索世界的开始。

还有些孩子拆卸东西是为了引起家长的注意。

对于孩子来说,对他的关注和给他吃好穿好一样重要,如果他得不到足够的重视,就会通过捣乱的方式来吸引家长注意。还有一些孩子拆卸玩具,是因为自己的要求没有被满足,所以以此来发泄心中的不满。

了解了孩子喜好拆卸玩具的原因,家长就不能一味地批评孩子,而应该采取措施积极合理地引导孩子,满足孩子的求知欲,让孩子敢于探索。同时因势利导,帮助孩子改掉爱破坏玩具的坏习惯。

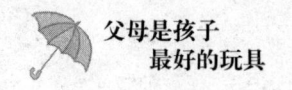

[情感引导]

1. 给孩子买一些可拆卸的玩具

家长可以购买一些专门用于拆装和组拼的玩具给孩子玩,同时耐心回答孩子动手过程中提出的相关问题。这样能满足孩子的探索欲望,是一种很不错的教育方式。

而对于一些比较昂贵或结构复杂且易损毁的玩具,家长可以亲自将玩具拆开,给孩子讲解玩具的内部结构;或者告诉他,他自己动手拆坏了就装不起来了,不能玩了。当孩子明白了这些道理后,他就不会再随意拆卸玩具了。

2. 跟孩子一起拆开玩具

孩子在拆卸玩具的过程中,其实是手脑并用,这有利于思维能力的拓展。因此,家长可以跟孩子一起动手来拆玩具。比如,看到孩子正在拆卸一辆玩具小汽车,家长可以蹲下来参与到孩子的活动中,并向孩子提一些问题:"小汽车里面是什么样子的呢?""小汽车为什么会动啊?"

通过提问,逐步引导、帮助孩子寻找结果,然后再试着跟孩子一起把拆开的玩具恢复原样,这样才能让孩子在"破坏"玩具的过程中有所收获。

3. 引导孩子去思考

家长在孩子的"破坏"行为之余,还要有意识地创造条件引导孩子多思考。比如,闹钟嘀嗒嘀嗒地走,家长可以问孩子:"闹钟为什么会响?为什么会走呢?"孩子玩皮球时,家长可以问孩子:"皮球为什么一拍就会跳很高?如果把气放了,它还能跳那么高吗?"

在提出问题后,孩子可能会充满疑问急于知道答案,这时家长就可以把旧闹钟或孩子不爱玩的小皮球跟孩子一起拆开,带领孩子一起寻找答案。

4. 给孩子的破坏行为制定规则

孩子因为年龄小,很多时候缺乏安全意识。因此,当孩子出现"破坏"行为时,家长首先要帮助孩子屏蔽一切潜在的不安全因素。比如,将水杯、花瓶等易碎物品放在孩子够不到的地方;插座、风扇等,都要明确告诉孩子碰不得。这样,时间长了,孩子就逐渐明白不能"破坏"游戏的规则。

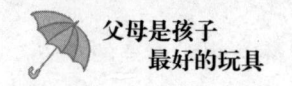

父母有力量，孩子不慌张

在生活中，许多孩子做事都缩手缩脚，不论家长怎么鼓励，他仍然不敢去做。并且家长越是劝说，孩子越退缩。其实，这也是孩子胆小的表现。

廷廷有好多事情都不敢去尝试。

有一次，廷廷看到别的小伙伴有扭扭车，他就嚷嚷着让妈妈也买一辆。妈妈把扭扭车买回来后，他却死活不敢坐上去。后来，爸爸没办法，只好自己在后面扶着廷廷，廷廷才勉强同意玩一会儿。

廷廷没玩过的游乐设施，无论爸爸妈妈怎么鼓励，他也不敢去尝试。让他参与集体游戏，只要是没有玩过的，无论爸爸妈妈怎么对他"威逼利诱"，他都不敢去尝试。

在学习方面，廷廷也同样如此。这让爸爸妈妈很是头疼。

孩子遇事爱退缩，对他将来的学习和生活都会产生影响。进入学校后，孩子在集体中要学会自立和自理的能力，如果过于腼腆和退缩，就会影响与同龄人的交往，不利于孩子个性的发展。所以，家长必须重视起来，及时帮助孩子改正。

首先，家长对孩子的要求不能太多、太高，也不要太重视孩子做事的结果。如果孩子没有达到要求，也不要盲目去批评。其次，家长要明白，对于孩子来说经历比结果更重要。最后，孩子最初做事的勇气往往来自家长对他的态度。如果家长总是指责，孩子就会越来越胆怯。反之，家长经常鼓励孩子，那么孩子就会越来越自信，也更有勇气去尝试没有做过的事情。

退缩是一种负面心理，它会导致孩子身心发展不健康，对孩子性格的塑造影响更大。因此，家长一定要及时帮助孩子纠正遇事缩手缩脚的毛病。

[情感引导]

1. 及时排除能引起孩子退缩行为的干扰因素

孩子遇事胆小、退缩，很多时候是心理在作怪。对此，家长需要及时排除引起孩子退缩行为的干扰因素。

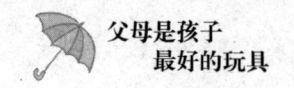

比如，孩子之前因为做同样的事情被家长批评过，现在觉得委屈；孩子以前做事时被人嘲笑过，现在比较敏感。这就让孩子有了心理障碍，而带着这样的情绪去做事，孩子很容易有心理负担。

家长在了解了情况后，要用温和的态度去对待孩子，对孩子过去的遭遇表示理解和同情，帮助孩子消除心理障碍。

2.发现孩子的闪光点，并给予肯定

家长要善于发现孩子的闪光点并给予肯定，因为再胆小的孩子也会有大胆的时候。

只要家长鼓励得当，同时对孩子不要有过高的期望，要用发展的眼光来看待孩子，这样孩子就一定会有进步。比如，孩子能自己扣扣子了，即使扣错了，家长也要表扬他："宝宝真了不起，会自己扣扣子了。"

家长多对孩子说"真不错""真能干"，这将有力提升孩子的自信心，让孩子遇事不退缩。

3.增加孩子成功的体验

孩子最初的成功，对后续做事的勇气有着很大的影响。因此，家长平时应多给孩子提供做事的机会，让孩子尽量多地获得成功的体验。比如，让孩子自己穿衣、洗漱、吃饭等，掌握基本的生活技能。

在孩子做事的过程中，家长尽可能让孩子自己去解决困难，不要包办代替。孩子经过自己的努力体会到成功的喜悦，能大大增强他以后做事的自信心。

4. 相信孩子的能力

俗话说："初生牛犊不怕虎。"孩子因为年龄小，对许多事情的难度都不会有正确估计，所以什么都想尝试。孩子做事的勇气很多时候来自家长的态度，如果家长相信孩子，孩子做事就很少会胆怯。

基于这一点，家长要尽量让孩子自己做事。

孩子有了做事的勇气和机会，成功的概率就会提高，这会进一步增强孩子做事的信心。如此形成良性循环，孩子在遇到需要自己处理的事情时就不会缩手缩脚了。

▶ 硬核父母的智慧：不限制孩子捣乱

孩子两三岁时会走路了，也会说话了，可爱的同时也

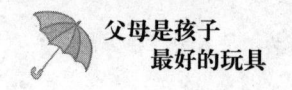

更爱捣乱。许多家长都抱怨自己的孩子简直是个"小魔头",不知道怎么办才好。

面对孩子爱捣乱的行为,家长最好不要予以限制,而应该在安全范围内允许孩子适当地捣乱,因为捣乱也是孩子探索世界的过程。

奇奇特别爱捣乱,常常一不注意就惹麻烦。比如,他拿着勺子吃饭时,总是把饭一勺一勺地舀出来撒在桌上,一说他,他就哭。

平时奇奇干什么,家人都要跟着他,尽量保证他在自己的视线范围之内,这倒不是妈妈过于担心他的安全,而是害怕他趁家长不注意时捣乱。

最近,奇奇不是把牛奶泼在妈妈刚清洗干净的地毯上,就是用剪刀把家里的沙发剪出个大口子……妈妈真是拿他没办法。

而且,奇奇不但在自己家里闹腾,在别人家里时也是不停地捣乱。前几天爸爸带他去邻居家串门,他愣是把人家玻璃缸里的金鱼给捞出来摔在地上,害得爸爸不停地给人家道歉。

像奇奇这样的孩子非常多,这也可以说是孩子成长过程中的一个必经阶段。孩子爱捣乱,主要有以下两个原因:

一、可能是孩子好奇心强的表现。有时候孩子不是想故意去破坏一件东西，而是因为他对这件东西感兴趣。比如，很多男孩喜欢把玩具车拆开，看车子里面到底是什么，车子为什么会动，想要通过自己的探索去寻找答案。

二、可能是孩子平常得不到家长的关注，想要通过捣乱的方式来吸引家长的注意。孩子发现自己乖乖听话的时候，家长经常不理自己，但是只要一捣乱，他们就会关注自己，所以就想用这种方法来博得家长的关注。

虽然人们常说爱捣乱的孩子聪明，但是不可否认，孩子太爱捣乱常常会让家长头疼。因此，对待爱捣乱的孩子，家长不能一味地放纵，要在弄清楚原因后对症下药，帮助他改掉爱捣乱的坏毛病。

[情感引导]

1. 家长不要对孩子限制太多

许多时候，孩子不敢去尝试新的事物，是因为家长平时对他的限制太多。

比如，当孩子爬高时，家长就恐吓孩子："别爬高，会摔断你的腿！"当孩子用剪刀剪纸时，家长说："放下剪刀，别把手戳伤了。"如此会大大抑制孩子能力的发展，使得他不敢去尝试做任何事情。

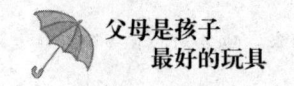

当孩子爬高时，家长可以让孩子爬到相对安全的位置，自己在旁边做好监护；当孩子想使用剪刀时，家长只要教会他使用方法即可。如此，孩子既有了尝试的机会，安全又得到了保障。

2. 鼓励孩子多去尝试新事物

心理专家表示，孩子爱捣乱有时候也是他们的一种学习方式。比如，孩子喜欢摆弄旋钮，开关房门，按电灯开关等，这些都是孩子探索世界的一种表现。

对此，家长要正确看待。家长可以让孩子去感受反复按开关带给他的愉悦感，并让他从这个动作中发现因果关系，建立对周围环境的认知。这对孩子思维及学习习惯的养成很有帮助。

3. 创设满足孩子探索的环境

在生活中，到处都有可供孩子探索的资源。庭院里、厨房里、户外公园、超市等，随处都能引发孩子的好奇心。家长应该鼓励孩子多探索，主动为孩子创设探索的环境。

▶ 让孩子受益一生的训练：表现自己

3岁的孩子已经有了强烈的表现欲，比如唱歌、背诵诗词等。但是很多家长发现了一个奇怪的现象，孩子只敢在家里表演，一让他当众表演就害怕了。

别看妮妮年龄小，说话已经很利索了，还能熟练地背诵《悯农》。但是她只敢在家人面前背诵，不敢在外人面前表现自己。

周末那天，妈妈的同事王阿姨来家里做客。

王阿姨早听说妮妮会背诵《悯农》了，就让她背给自己听。没想到，妮妮吓得躲在一边不敢吭声。妈妈见状，就耐心鼓励妮妮背给王阿姨听，没想到她还是一动不动。

其实，在王阿姨来之前，妈妈就已经给妮妮打了预防针，说一会儿给阿姨背一首诗。当时妮妮还点了点头，并大声表态说自己一定会做到。可没想到王阿姨来了后，妮

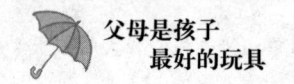

妮还是临阵脱逃了。

孩子之所以会这样,是有原因的。首先,孩子和外人之间彼此缺乏信任。孩子在家里表演得不好,他相信爸爸妈妈不会斥责和笑话自己。但是与外人接触得不多,因此担心自己表现得不好会被外人耻笑,所以不敢表现自己。

其次,孩子有怕生的情况。这主要是因为孩子对家长过分依赖,而家长又不注意用正确的方式来引导孩子。这样一来,孩子看到陌生人后就会怕生,对陌生人产生畏缩、不信任感。

最后,有些孩子在家中被过度保护和宠爱,导致只在亲人面前有安全感,到了其他场合,因为缺乏与他人交往的机会而变得没有安全感,不敢表现自己。

由此可以看出,孩子之所以不敢在外人面前表现自己,是因为缺乏安全感。所以,家长应该找机会多锻炼孩子,让孩子建立家人之外的安全感。

[情感引导]

1. 利用孩子的兴趣让他表现自己

孩子不敢表现自己,家长可以利用孩子的特殊兴趣来鼓励他参与同陌生人之间的活动,以消除孩子的紧张感。

先让孩子从接触与自己年龄相仿的小朋友开始。例如，孩子喜欢唱歌，家长可以帮孩子邀请一些小朋友来跟他一块唱；孩子若对背诵诗歌感兴趣，家长就可以让孩子在家中表演……

总之，让孩子通过自己的兴趣多表现自己，受众先从家人开始，然后逐渐让一两个熟悉的小朋友加入。通过这种循序渐进的方式，可以增强孩子的自信心，让孩子在他人面前也敢于表现自己。

2. 多创造让孩子表演的机会

平时，家长可以利用节假日和周末时间，邀请与自己孩子年龄相当的孩子及其家长搞一些联谊活动，并要求每个人都要表演一个节目。通过这种方式，可以增加孩子在大家面前表演的机会。

如果孩子暂时不敢，家长可以先表演节目给孩子做出榜样，然后让孩子表演。无论孩子表现得怎样，大家都要予以鼓励。

面对大家的关注和肯定，孩子一定会大受鼓舞，觉得自己有能力从而自信起来，变得愿意在众人面前表演。

3. 经常带孩子参加各类亲子活动

有时孩子因为缺乏与陌生人接触的经验，所以在陌生的环境里常常表现得不知所措。为此，家长要经常带孩子

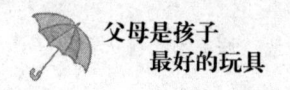

参加各类亲子活动，让孩子通过与人互动交流来逐步适应陌生环境及获得肯定。

4. 家长不要过多地做孩子的"代言人"

有时孩子与外人接触时缄默寡言，也有多半原因是家长过多地扮演了孩子生活中的"代言人"角色。家长的这种行为在无意中会纵容孩子的孤僻性情，挫败他独自面对世界的信心。

对此，家长要调剂好与孩子的关系，不仅语言上要鼓励孩子多跟人接触，还要让孩子尽量在外人面前大胆地表达自己的看法。

▶ 父母是孩子最好的老师

家长都希望自己的孩子拥有勇敢的品格，但是有的家长自己却特别胆小，做事情畏首畏尾。可想而知，这样的家长很难教出勇敢的孩子。

第五章 勇敢：培养内心强大的孩子

俗话说，父母是孩子最好的老师。所以，做家长的要以身作则，为孩子做好表率。

洛洛3岁前一直是爷爷奶奶带。由于爷爷奶奶年纪大了，经常让她在家里看电视，很少带她出去玩。就算是出去，也是找个人少的地方让她自己玩，防止她磕着碰着，或跟其他小朋友发生冲突。

这就导致了洛洛的胆子特别小，见了人也不知道打招呼。爸爸妈妈把洛洛接回来后，每次家里有客人来，发现洛洛都胆小地躲到他们身后不敢出去，这让他们很没有面子。

于是，爸爸妈妈决定给洛洛做出勇敢的表率。每次见到熟人的时候，爸爸妈妈都会跟对方大声打招呼，并且适时鼓舞洛洛也跟对方打招呼，有意识地锻炼她的胆量。

洛洛还特别娇气。一次，爸爸带她去打防疫针，她竟然吓得躲在车里不敢出来。爸爸只好耐心地劝导她说："打针没有什么可怕的，上次爸爸感冒了也去输液打针了，爸爸就没有害怕，洛洛能像爸爸一样勇敢吗？"听了爸爸的鼓励，洛洛才停止哭泣，答应去打针。

有人曾经做过这样一个实验：实验者跟一条蛇玩得很好，他的女儿看到了也要跟这条蛇一起玩，丝毫不觉得害怕。后来，实验者又跟一只小狗一起玩，他的女儿感到

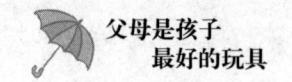

好奇，也想跟小狗一起玩。谁知道女儿伸手刚要去摸小狗，实验者就大声说："不要摸，它会咬你。"结果，这个小女孩长大后不害怕蛇，反而害怕小狗。这说明，孩子的胆量，深受童年时受到潜移默化的事物的影响。

造成孩子胆小的原因有很多，但很大一部分原因都跟小时候受过的惊吓有关。有的家长为了让孩子听话，喜欢吓唬孩子，结果却造成孩子长大后变得胆小、畏缩。

还有的家长对孩子过分担心，一旦孩子表现得害怕或者胆小时，比如孩子听到鞭炮声，家长就把孩子紧紧搂在怀里哄个不停，甚至把孩子平时喜欢的零食、玩具都拿出来，以此来缓解孩子的恐惧心理。

其实，这样做不但不能让孩子胆子变大，反而会让孩子更加胆小。因为家长这样做只是让孩子暂时避开了他害怕的事情，并没有教会他正确的处理方法。下次再遇到类似的事情，他依然会害怕。

还有的家长习惯做孩子的保护伞，总说："别怕，宝贝，有妈妈呢！""爸爸会保护你的！"孩子在家长的保护下长大，时间久了不但不会变得胆大，反而会影响到其以后性格的发展。

[情感引导]

1. 家长要以身作则

家长平时要给孩子做出勇敢的表率,不要把"算了,太难了""这个不可能完成"等退缩的话说出来。家长都不是迎难而上的人,又怎么去要求孩子胆大?

家长其实就是孩子的一面镜子,如果家长在遇到事情时很勇敢,那么孩子也会受到积极的暗示而变得勇敢。

2. 要让孩子面对恐惧

孩子遇事感到害怕时,家长搞清楚孩子害怕的原因后,要鼓励孩子勇敢面对恐惧,而不是回避。因为这次回避了,下次遇到同样的事情还会害怕。这不是解决问题之道。

3. 有意识地从正面对孩子进行勇敢教育

当孩子表现得比较胆小时,家长不要对孩子过多地保护,而应该帮助他淡化恐惧心理,通过鼓舞让他的胆子变大起来。

比如,孩子害怕小狗,家长也不用让孩子见到狗就躲,可以挑一只温顺的小狗让孩子试着摸一摸,这样孩子的害怕情绪就会得到缓解。

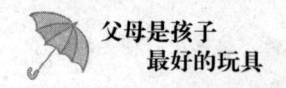

4. 陪着孩子一起克服困难

在孩子克服一些难题的过程中,家长不要置身事外,而应该陪伴孩子共渡难关,让孩子知道自己是有亲人陪伴的,这样会增加孩子的胆量。

一旦孩子能够自己独立完成一件事,家长就可以让孩子独自去面对。这跟孩子的成长过程是一样的,一开始都是家长陪着、引导,当孩子长大了能够独立时就要放手。

逆商课:培养内心强大的孩子

经常有家长抱怨:"我家孩子无论做什么事,遇到一点儿困难就退缩。这该怎么办好呢?"实际上,很多时候孩子不敢直面困难是因为缺乏勇气。

楠楠想要学习轮滑,妈妈怕她摔倒受伤,就让她戴上了护膝、护腕和头盔。然后,妈妈整个身子都弯着,小心翼翼地拉着楠楠。

可是,妈妈不小心闪了一下腰,使得她自己和楠楠都摔倒了。在摔倒的过程中,妈妈下意识地护着楠楠,自己的胳膊都摔破了。而楠楠因为是"全副武装",所以一点儿也没摔着,可是她依然号啕大哭,坐在地上不起来,非让妈妈扶她起来。

妈妈发现楠楠一遇到困难总是哭,就像这次一样。于是就决定鼓励她,让她自己起来。

但楠楠就是摇头,让妈妈拉她起来。看楠楠实在没有自己要起来的意思,妈妈只好妥协,把她扶了起来。

回家后,楠楠要吃开心果,她试着剥了一个,但是剥不开,就要求妈妈给她剥。妈妈让她再试试,可她就是哭着让妈妈代劳,妈妈只好又一次妥协。

3岁左右的孩子虽然年龄小,但也有一些事情是自己能够做的,只是因为没有做过,就盲目地以为事情很难,自己做不了,要求家长代劳。比如,好多孩子摔倒了第一时间不是想着怎么站起来,而是伸出手等着家长把自己拉起来。

如果家长对孩子轻易伸出援手,孩子就会认为自己向家长求助和家长帮助自己都是理所应当的。孩子有了这样的认识,以后再遇到困难第一时间想的不是如何去解决,而是找家长帮忙。如此,家长不但会觉得自己很累,也会

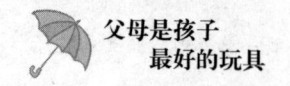

让孩子失去克服困难的机会和勇气。

[情感引导]

1. 培养孩子解决问题的能力

古语说:"授人以鱼,不如授人以渔。"家长帮助孩子解决问题,不如教给孩子解决问题的方法,着重培养孩子解决问题的能力。

要想提高孩子解决问题的能力,就要让孩子多观察、多尝试。家长要放手让孩子自己去做一些事情,在孩子遇到困难时只需给予指导。

这样,孩子懂得了解决问题的基本常识,拥有了解决问题的能力,就有了解决问题的自信和勇气。

2. 培养孩子克服困难的信心

一旦孩子解决问题失败,家长也不要批评孩子,而应该鼓励他:"这次做不好没关系,说明方法不对,你可以试一试另一种方法。"家长要让孩子明白,很多事情都是要多次尝试才能成功的,一次失败并不代表什么。这样就能减轻孩子的挫折感,激发孩子克服困难的勇气。

3. 教孩子分解复杂的任务

在生活中,孩子玩游戏的时候,一旦遇到难题就立马不玩了；学习识字卡片的时候，学着学着就觉得太难不想学了；爬山爬到半山腰就觉得太高了，不想再往上爬了……类似的事情有很多，孩子一旦面对这些复杂的任务，潜意识里就会觉得"这不可能完成"，结果就真的完不成。

其实，这都是孩子缺乏信心的表现。

要想让孩子有完成复杂任务的信心，家长需要掌握一种有效的方法，那就是帮孩子将复杂的任务分解成若干个小任务，从而一个个完成。比如，识字卡片太多，家长可以让孩子每次只学习一类事物，一类中每次只学习五个，并且一个个分开来学习。孩子看到目标小了，克服困难的勇气和信心也会随之增加。

4. 理解孩子的情绪

孩子遇到困难垂头丧气的时候，家长要理解孩子的情绪。比如，孩子在练习跳绳，但就是不能完整地完成一个动作。此时家长可以告诉孩子："其实妈妈小时候也不会跳绳，但是姥姥非让我跳，没事我就多练习，后来终于会跳了，还跳得很好。"这样，孩子会觉得自己是被理解的，也就更容易接受家长的意见。

当孩子遇到困难，家长要接纳孩子的情绪，要鼓励孩子去克服，如果因此而妥协，孩子遇到的难题对他来说就一直是困难。

父母是孩子
最好的玩具

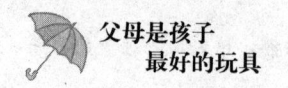

▶ **孩子不是吓大的**

在日常生活中，我们经常会看到这样的现象：孩子怎么哄也哄不好时，家长就吓唬孩子，说："再不听话，就不要你了。""再哭，就让大灰狼把你抓走。"

听到家长这样说，孩子往往会立马停止哭泣。久而久之，许多家长就把吓唬作为教育孩子的常用手段。

欢欢特别淘气并倔强，只要是自己认定的事情，不管对错就一定要做，无论家长怎么劝说都没用。

有一次，欢欢和小区里的佩佩一起玩，看到佩佩拿的小黄鸭很好看，瞬间就被吸引住了。趁佩佩不注意，欢欢就夺走了她手里的小黄鸭，佩佩急得直哭。

妈妈让欢欢把小黄鸭还给佩佩，可欢欢就是不还。无奈之下，妈妈说："再不把小黄鸭还给妹妹，妈妈就让警察叔叔来抓你，你就见不到妈妈了。"听了妈妈的话，欢欢欢匆忙把小黄鸭还给了佩佩,然后紧紧地抱住妈妈。

妈妈发现这招对欢欢挺管用,在生活中就经常吓唬她。比如,欢欢总是不爱洗手,妈妈就吓唬她说:"不讲卫生会生病,生病了妈妈就会找医生给你打针。"欢欢不好好吃饭时,妈妈就对她说:"再不好好吃饭,以后也不用吃饭了。"晚上欢欢不肯乖乖睡觉,妈妈就说:"赶快睡,再不睡晚上会有黑衣人来抓你。"

就这样,在妈妈的吓唬下,欢欢变得越来越"听话",但是也变得呆板起来。

用吓唬的方式来要求孩子听话,是很多家长常用的一招。这样会让孩子产生恐惧心理,而且这种恐惧心理还会在孩子心里产生烙印。再者,从科学的角度来说,用吓唬的方式教育孩子,对孩子的成长很不利,会让他越来越没有安全感。

1~3岁的孩子还年幼,他们对这个世界充满了好奇,希望在家长的陪同下去认识这个世界。如果家长让孩子觉得这个世界充满了安全感,孩子在成长中就会觉得踏实;如果家长总是吓唬孩子,那么孩子就会觉得"这个世界太可怕了",这种恐惧心理会严重影响孩子的健康成长。

另外,随着孩子渐渐长大,他们对许多事物的认识也会越来越深。孩子一旦发现家长吓唬自己的事情根本不可

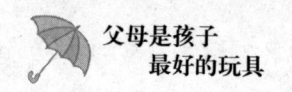

能出现,就会对家长失去信任,甚至还会产生"爸爸妈妈是坏人"的想法。

孩子有了这样的想法后,家长再想用吓唬的方法教育孩子,孩子就会不服。

[情感引导]

1. 直接讲出孩子某些行为的危害

孩子调皮捣蛋时,家长与其吓唬孩子,不如直接给孩子讲出他所做的行为会带来哪些危害,让孩子明白其中的利害。

比如,孩子想要爬到鞋架上去,家长就告诉孩子:"爬到鞋架上是非常危险的,摔下来会把胳膊或腿摔伤,或者把脑袋磕破,很疼的,你还要试吗?"孩子听到这件事的后果,多半就会收敛自己的行为。

2. 让孩子为自己的行为负责

家长给孩子讲了道理后,孩子依然我行我素去做一些危险性比较大的事,家长也不要发脾气,而要让孩子对自己的行为负责。比如,孩子淘气,拿石头把别人家的玻璃砸碎了,家长先不要对孩子发火,应该让孩子向对方当面道歉,并且当着孩子的面向对方进行赔偿。

这样的经历多了，孩子做事之前就会想起家长的提醒，而不再任性为之。

3. 试着去理解孩子的感受

当孩子做错事，家长准备吓唬孩子的时候，不妨站在孩子的角度想一想。假如你是孩子，被自己信任的爸爸妈妈吓唬，心里会是什么感受。相信家长在进行换位思考后，就可以做出理智的选择。

其实，比吓唬孩子更重要的是教育孩子的目的。家长教育孩子就是为了让孩子明事理，帮助他改正坏习惯。

4. 提前跟孩子约法三章

家长与其用吓唬的方法阻止孩子做危险的事情，不如跟孩子约法三章，提前给孩子立好规矩，告诉孩子哪些事情能做，哪些事情不能做。比如，不能爬窗户，不能碰插座，吃饭时不能乱跑。

如果孩子能够很好地遵守规则，家长就要给予鼓励，强化孩子遵守规则的行为。一旦发现孩子触犯了规则，家长就要给孩子相应的惩罚。这样，孩子在做任何事前就会考虑一下后果，主动约束自己的行为。

第六章

责任：没有教不好的孩子，只有不会教的父母

许多家长抱怨，现在的孩子怎么这么自私，犯了错从来不承认，总是把责任推给他人或者怪客观环境。

这其实是孩子没有责任心的表现。教育专家明确指出："培养孩子一种认真的责任心，是解决许多问题的教育手段。"因此，家长要积极引导，早早地在孩子心中埋下责任的种子。

▶ 没有教不好的孩子

许多家长往往认为，1～3岁的孩子还小，根本没有自理能力。

其实，许多时候，孩子的自理能力都被家长剥夺了。因此，家长应该放弃包办代替，让孩子试着自理，同时培养他的责任心。

苗苗已经上幼儿园了，妈妈想要锻炼她的独立性，就试着让她自己穿衣、穿鞋。可奶奶总是认为苗苗还小，不能让她做这些事。

妈妈被奶奶这么一说，再看到苗苗自己做事确实费劲，于是就打消了锻炼孩子的心思。可是看到别人家的孩子已经会自己穿衣服了，苗苗还只会吃和玩，妈妈又很着急。

后来，妈妈决定让苗苗尝试着整理书包，规定她每天

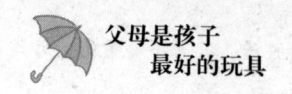

吃完早餐后，自己把彩笔和书本等用具放到书包里，回来后把生活和学习用品放回原处。

苗苗听后很兴奋，每天都认真地往自己的小书包里塞东西，虽然刚开始会落下一些，时间长了，她做得越来越好了。现在的她，虽然年纪小，已经能够很好地整理自己的东西了。

一位心理学家曾经说过，一个孩子是否能够成才，取决于他处理问题的能力，而不是聪明的程度。但是对于0～3岁孩子的家长来说，他们总觉得独立解决问题是大人的事情。

有些家长认为，锻炼孩子的自理能力是对的，但不是现在，应该等孩子上了小学后再说。在这样的思想支配下，孩子自理的愿望就被削弱了，一切都是家长包办代替，导致孩子的自理能力低下。

所以，家长应该改变观念，凡是孩子自己的事就放手让他独立去做。孩子也许在做的过程中会出错，甚至会惹出不必要的麻烦，但是家长要明白，这只是一时的，随着锻炼机会的增加，孩子做事的能力会越来越好。

[情感引导]

1. 放手让孩子独立解决问题

家长要想培养孩子的责任感,首先要解放自己的思想,相信1～3岁的孩子也有解决问题的能力。

家长可以告诉孩子,遇到了难题首先要自己想办法去解决,而不是等着家长帮忙。比如,孩子穿什么衣服,让他自己决定;孩子与他人发生了矛盾,让他自己去处理。

在此过程中,孩子有可能做得并不好或者并不完美,但是孩子能够体会到自己做事的乐趣,并增强了责任感。

2. 为孩子提供解决问题的机会

在生活中,家长可以有意识地为孩子提供解决问题的机会。比如,家长经常让孩子去家附近的超市买东西,家长则可以在后面跟着。这样有利于锻炼孩子独自解决问题的能力。

3. 鼓励孩子做得好的地方

由于3岁左右的孩子能力有限,所以做事的时候出现失误很正常。大人不能因此指责孩子,而应该鼓励孩子做得好的地方。

对于孩子做得不好的地方,家长要帮助孩子找原因,

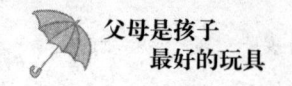

并想出解决问题的办法,提高孩子做事的能力。比如,孩子穿鞋总是穿反,家长可以说:"宝宝真厉害,自己能穿鞋了,但是下次记得别穿反了。"这样既能够保护孩子做事的积极性,还能够帮助孩子不断提高动手能力。

孩子遇到实在不会做的事情时,家长可以给孩子做一些示范,让孩子先观察、学习,然后再跟孩子一起做一遍,发现孩子做得不对的地方及时纠正就行。

▶ 教会孩子的动手能力要趁早

许多家长都发现,孩子随着年龄的增长,他慢慢萌生了自己做事的意识,自己穿衣、穿鞋、吃饭,而且说什么也不肯让家长帮忙。此时,家长可以借机给孩子布置一定的家庭任务,培养孩子的责任心。

看到天气很暖和,妈妈就想着把家里的脏衣服都洗了,好好晾晒一番,女儿朵朵也在一旁瞎捣乱。轮到洗朵朵的小袜子时,她一下子跳了起来,大声嚷嚷道:"我来洗袜袜。"

刚开始,妈妈觉得朵朵小,肯定洗不干净。可是转念一想,就一双袜子而已,让她洗着玩吧。但让妈妈吃惊的是,在她的指导下,朵朵竟然把自己的小袜子洗得很干净。

从这以后,朵朵做事更积极了。每次睡觉前,她会自己准备好小牙刷、牙膏开始刷牙,还把自己用过的小毛巾也洗得干干净净的,让家人都对她刮目相看。

许多家长会觉得,在0~3岁这个阶段的重点是喂养孩子,让孩子有个好身体,所以就忽视了对孩子其他能力的培养。其实,让孩子做到自己的事情自己做,也是他以后的立身之本。因为有责任心的孩子,会努力做自己力所能及的事情,而不是总依靠别人。

对于0~3岁的孩子来说,培养责任心要从教会他自理开始。如果孩子在进入幼儿园之前就能够自理,那么他在幼儿园的学习和生活就会更自信。

2~3岁是培养孩子责任感的关键时期。这一年龄段的孩子已经有了一定的做事经验,也有了自己的事情自己做的意识,于是他常常表现出"我自己来"的愿望,不希望大人干预他做事。

发现这样的苗头,家长应该抓住机会不要阻止孩子做

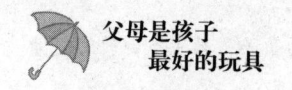

事，而要给予他鼓励和必要的指导，让孩子逐渐提升自己做事的能力。

[情感引导]

1. 亲自给孩子做示范

2~3岁的孩子做事经验不足，所以，对于一些孩子来说，有难度的任务就需要家长亲自做示范，甚至手把手地教。

比如，给孩子安排自己洗脸的任务。孩子可能刚开始洗得并不干净，这时候妈妈就可以跟孩子一起洗，让孩子观察妈妈是怎么洗的。妈妈还可以边做边讲解，孩子记住后就会做得越来越好。

2. 根据孩子的年龄特点来培养孩子

0~3岁的孩子因为年龄小，所以给他们布置家庭任务时就要有所区分。对于1~2岁的孩子来说，家长可以教他擦桌子、整理自己的玩具；对于2~3岁的孩子来说，家长可以让他打扫房间，洗自己的小毛巾、袜子等。

分配孩子任务的时候，最好把大人的任务也给孩子说一下。比如告诉孩子，妈妈负责做饭，宝宝负责摆放碗筷，爸爸负责刷碗。这能让孩子觉得他是家庭的一分子，负有一定的家庭责任。

分配好任务后,家长要积极执行给孩子做好榜样,让孩子也能自觉完成任务。

3. 放手让孩子去做并予以鼓励

在给孩子布置一定的家庭任务后,家长要对孩子持信任态度,不要去干涉他,让他开动自己的小脑瓜,充分体验做事的乐趣。

如果孩子能够圆满完成任务,就给他一个鼓励的拥抱,然后当着全家人的面表扬他做得好;或者奖励他一个小礼物,让他体验到负责任的成就感,从而激励他更加努力地做事。

4. 孩子做得不好的时候不要随便批评

孩子毕竟还小,所以许多事情做不好也在情理之中。家长应该注重孩子体验做事的过程,而不要过分注重结果。如果孩子做得不好,家长一定不要批评孩子,而要多给孩子尝试的机会。

有时候,大人觉得重复做一件事情很枯燥,但是孩子往往并不这么认为,所以家长可以让孩子反复练习。

如果批评孩子,孩子的自尊心和自信心都会受挫,下次家长再要求他做的时候,没准他就不那么情愿了,所以家长一定要注意保护孩子做事的积极性。

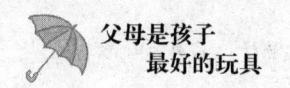

▶ 小动物养成记

孩子一般都很喜欢小动物，常常会对小动物表现出浓厚的兴趣，甚至请求家长帮他养一只小动物。

对于孩子的这种要求，家长可以满足，并借此机会培养孩子的责任心。

有一次，萌萌和妈妈一起出去玩，在路边看到一只小猫，瘦弱的身子蜷成一团，躺在地上瑟瑟发抖。萌萌就央求妈妈收留这只小猫。

从那以后，这只小猫就成了萌萌的小伙伴，每天萌萌都会陪着小猫玩一会儿。萌萌玩滑板车的时候，小猫喜欢跟在她后面"喵喵"地叫几声，就像鼓励她一样。这样一来，萌萌玩得更起劲了。

每到吃饭时，萌萌还不忘去喂小猫。看到小猫吃得香，萌萌还会叫爸爸妈妈一起来看。

妈妈就借机把照顾小猫的任务交给萌萌，萌萌除了要帮助小猫喂饭，还要主动帮助小猫铺窝，俨然一个小大人。

就这样，小猫在萌萌的照顾下长得十分健壮。

饲养小动物，对于孩子来说是一件意义非凡的事情。如果有条件而孩子也有兴趣，就应该挑选一种合适的动物来陪伴孩子成长，因为养育小动物能够培养孩子的责任心。

现在的孩子多是独生子女，他们没有照顾同伴的机会，但是照顾小动物却能够让他们的责任心得以加强。这是因为，每个人都有保护弱小的意识。

在最初照顾小动物的时候，孩子也许只是因为好奇，他可能会频繁地打扰小动物。

这时候，家长就需要耐心给孩子解释，让他明白小动物有自己的生活习性，是需要被尊重和保护的。这样孩子就会掌握照顾小动物的原则，而他一旦领悟了小动物也是需要被尊重和保护的，那么他就会更加懂得尊重别人了。

但由于孩子还太小，因此，家长在为孩子购买小动物以及跟孩子一起饲养小动物的过程中，应该多注意保护好孩子的安全。

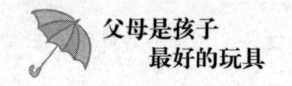

[情感引导]

1. 告诉孩子养小动物是一个长期的过程

在答应孩子养小动物之前,家长要告诉孩子,养小动物是一份长期工作,不能今天养了明天丢。小动物会长期成为家里的一分子,你要做个负责任的小主人,永远爱护小动物。

孩子同意之后,再开始养小动物。

养了小动物之后,家长还要告诉孩子,不能只是跟小动物一起玩,还要参与到其他工作中来。比如,给小动物喂食、打扫卫生等。

孩子只有切实体会到了养育小动物的苦与甜,对小动物负起责任,才能越来越有责任感。

2. 发现孩子伤害小动物时应该耐心教育

当家长发现孩子有伤害小动物的举动时,除了制止孩子的行为,更应该耐心地跟孩子解释"为什么不能这么做"。

比如,孩子饲养了一只小鸡,家长就要跟孩子耐心解释:给小鸡吃得太饱会难受,让它从高处跳下会受伤,往它身上淋水会不舒服,等等。在孩子洗澡的时候,家长还可以适当地模拟下小鸡被淋水是怎样的感受。

等孩子有了实际感受后,更能唤起他的同情心。

3. 如果小动物死了要借机教育孩子珍爱生命

3岁左右的孩子显然对死亡还没有概念。就拿孩子养的那只小鸡来说,小鸡只是他的"玩具"之一。所以,当他饲养的小鸡死了后,他不会感到太难过。

其实,这并不是孩子没有爱心,而是他还没有理解到生命的可贵。当孩子要求再买一只时,家长不要轻易答应,可以告诉孩子,属于他的那只小鸡永远地离开了他,每个动物的生命都只有一次。这样也容易唤起孩子的责任心,让孩子认真对待小动物。

▶ 你的责任,为什么我来承担

家长最需要给孩子的并不是金钱,而是教会孩子如何负责任地生活和工作。

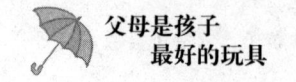

给孩子再多的金钱,孩子也会将其花掉,而如果教会孩子承担责任,那么这份责任感将会帮助孩子成为一个对自己负责、对工作尽职的人。

广场上,奶奶正拉着菁菁的手让她学走路。看见菁菁走得越来越好,奶奶就偷偷松开了她的手,让她自己走。

突然,菁菁一不留神摔倒在地,哭了起来。奶奶赶忙跑过去将菁菁抱在怀中,一边安慰着,一边使劲地踩地,说:"都怪地,都怪地,绊倒了我们菁菁。"

看到奶奶为自己"报仇"了,菁菁破涕为笑。

玩着玩着,菁菁想要回家了,奶奶就把她抱到婴儿车里,因为没注意,她的头碰到了婴儿车上。

瞬间,菁菁又开始大哭,一边哭一边用小手拍打婴儿车。奶奶也跟着菁菁打了婴儿车一下,说:"车车坏,车车坏,碰着了我们宝宝。"

在奶奶的教育下,菁菁养成了推卸责任的坏习惯。走路碰着门就打门,不想吃的饭就打碗,出门忘了带玩具就怪家长。

孩子在成长的过程中难免会出现磕磕碰碰,这时候关键看家长处理事情的态度。聪明的家长会把孩子遇到的困难当成一个机会,引导孩子去正确面对,教育孩子在解决问题的同时学会承担责任。

/第六章/ 责任：没有教不好的孩子，只有不会教的父母

有的家长却不这么做，他们把大小事都包揽在自己身上，事事为孩子做主，没有让孩子承当起应有的责任。

更有甚者，在孩子遇到问题后，不让孩子从自身找原因，而是让孩子从外界找原因。比如，孩子不小心磕到了桌子上，家长就怪桌子；孩子不小心摔倒了，立马怪地不平。这样的做法虽然能让孩子得到一时的安慰，实际上是在帮助孩子逃避责任。

发生磕碰后，家长没有让孩子明白环境是不能改变的，只有自己多注意才能避免磕碰这个道理。许多家长也知道这样做是不对的，但觉得现在自己只是哄哄孩子，孩子长大了自然会明白。

这些家长忽视了人的思维方式是在潜移默化中形成的，一旦让孩子形成"自己碰到桌子是桌子的错，自己摔倒了是大地的错"这样的思维方式，长大后很难逆转。

一个孩子一旦没有责任心，就不愿意负责任。这样一来，不论他自己犯了什么错误，都会习惯性地从他人身上找原因，从客观条件上找原因，来达到为自己解脱的目的。长此以往，等孩子长大成人走入社会，不但会处处碰壁，做事不容易成功，也不会受人欢迎。

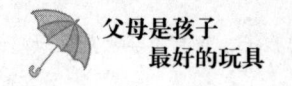

[情感引导]

1. 从日常生活的点滴中培养孩子的责任心

让孩子学会承担责任，应该从生活中的小事开始。比如，孩子玩完玩具后不收拾，弄得地上乱七八糟的，这时候家长应该教育孩子把玩具收起来，告诉他这是他自己的事情。如果他不收，家长也不要帮他。

孩子上了幼儿园后，老师布置的作业，家长也要让孩子自己完成。要让孩子明白，完成作业是他自己的事情，他是为了自己学习，而不是为了老师和家长。家长只需在孩子学习的过程中，适时指导和鼓励即可。

2. 让孩子品尝一下不负责任的苦果

如果孩子在一些事情上表现得没有责任心，家长可以适当让孩子品尝一下不负责任的苦果。

孩子尝到了不负责任的苦果后，在下次做事的时候就会严格要求自己。比如，家长告诉孩子闹铃响了就要起床上学，孩子却磨磨蹭蹭赖床，导致迟到。到了学校，家长不要替孩子解释，就让老师批评他好了。孩子尝到了被批评的滋味，下次就会长记性。再比如，孩子平时的手工作业总是丢三落四，家长提醒他睡觉前收拾好，但是提醒多次他也不收拾。这时家长不要帮忙，等第二天孩子找不到着急的时候，他就会长记性。

3. 让孩子负起应负的责任

孩子犯了错，家长不要视而不见，而要让孩子知道犯了错就要负起责任。比如，孩子不小心把家里的水杯打碎了，家长要让孩子明白打翻杯子是因为他自己不小心造成的，应该让他帮忙一起打扫，打扫的过程中还要告诉他一些注意事项。

▶ 你推卸责任的样子很难看

许多孩子做错了事情，第一时间不是认错，而是把责任推卸给他人，口头禅就是"都怪他"。

孩子喜欢推卸责任，与家长错误的教育方式是分不开的。因此，家长应该反思一下，帮助孩子纠正这一错误的思维习惯。

父母是孩子最好的玩具

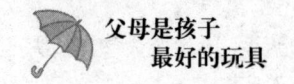

牛牛是一个聪明可爱的孩子,但有一个坏毛病,那就是做错了事情喜欢找借口,推卸责任。有时候他为了逃避责任,小小年纪甚至会撒谎。

几天前,妈妈给牛牛买了一桶橡皮泥,他就拿去幼儿园玩。当天回来,妈妈发现牛牛有点儿闷闷不乐,一追问才知道他把橡皮泥弄丢了。妈妈问他怎么弄丢的,他却支支吾吾半天也说不清楚。妈妈问急了,他就说是被小朋友借走了,问他是谁借走的,他又说不上来。

鉴于牛牛一贯的表现,妈妈问他是不是自己把橡皮泥弄丢的。牛牛一直不承认,强调橡皮泥是被其他小朋友拿走了。

许多孩子做错了事情总是不敢承认,而是将责任推给别人。

为什么孩子要这样做呢?其实,孩子是害怕遭到家长的惩罚,受到老师的批评等。所以,孩子推卸责任,实质上也是自我保护心理在作祟。而且,从儿童成长的特点来看,3岁之前的孩子还不懂得什么是责任,因此,家长要帮助孩子认识什么是责任,帮他建立责任感。

除了想要逃避惩罚外,孩子推卸责任也多与家长的不当教育方式有关。有的家长对孩子的态度简单粗暴,孩子一犯错,不是打就是骂。这样,孩子为了避免被家长粗暴对待，一旦犯了错就会想到推卸责任。

还有的孩子自尊心特别强，家长总是当着其他人的面批评他，让他觉得丢了面子。所以为了避免被当众批评，孩子在犯错后就会推卸责任。

再者，现在的家庭一般都只有一两个孩子，做家长的都想把最好的留给孩子，生怕委屈了孩子。这样一来，孩子的许多事情也都是由家长帮忙完成，如果家长做得不好，孩子就会抱怨家长。时间一长，家长的过度保护，就会让孩子把自己本该承担的责任推给家长。

[情感引导]

1. 找出孩子推卸责任的某一类事情

家长平时要抓住孩子犯错的契机，不管犯的错是大是小，都要教育孩子去面对现实。要让孩子明白，面对现实虽然让人不舒服，但是一旦勇敢面对了、解决了，他的心里就会变得坦荡，而逆商也会得到提升。

2. 一定要有坚定的立场

家长在要求孩子承担责任的时候，立场一定要坚定，不要因为孩子不愿意或者哭闹就放弃。其实孩子是非常聪明的，他有很强的观察力，只要家长动摇过一次他就会记

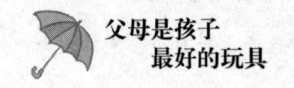

住，下次再遇到类似的情况他还是想要放弃。

所以，家长要坚持自己的原则，明白教育的目的。

3. 不要太早下结论

孩子推卸责任时，家长不要急于把孩子跟不真诚、不受欢迎画上等号。

许多家长都希望自己的孩子是完美的，发现孩子的行为偏离了自己的把控，急于推卸责任。这会让家长觉得孩子破坏了自己的想象，就会气急败坏。如果把这种情绪传染给孩子，也会让孩子感到焦虑。

所以，家长应该改变自己的错误想法，了解孩子推卸责任的原因，倾听孩子内心的声音，不要太早下结论。

▶ 孩子的道歉，家长千万别代替去做

不论是大人还是孩子，都不可避免地会犯错。

孩子做错了事，就应该让孩子自己去赔礼道歉，这样

才能让他真正地认识到自己的错误。

如果大人代替孩子去道歉，孩子就认识不到自己做错事的后果，以后甚至会变本加厉，觉得一切都会有家长兜着。这种思想对孩子来说危害极大。

东东和野野一起在小区的广场上玩玩具，不一会儿，为了争夺一架小飞机，他们谁也不肯松手，两个人就吵了起来。

东东一看抢不过野野，就故意猛地一松手。野野连人带飞机应声倒地，飞机还砸到他的脸上，把他的额头刮破了。野野大哭起来。

听到野野的哭声，东东妈妈和野野妈妈都赶紧跑了过来，问清楚情况后，东东妈妈先是批评了东东一顿，然后赶忙询问野野的伤势。

看到野野的伤口需要包扎，东东妈妈就打电话让奶奶把东东接回家，然后随野野妈妈一起去给野野包扎伤口。在去医院的路上，东东妈妈还代替东东给野野和野野妈妈道歉。

在生活中，我们经常会看到两个孩子发生争执，其中一个孩子把另一个孩子打哭。

这时候，一方的家长会立马跑过去对受欺负的那个孩子说："对不起，阿姨给你道歉，别生气，阿姨回家就教

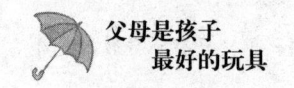

训他。"而欺负他人的孩子却站在边上理直气壮地说:"胆小鬼,抢不过还哭。"

其实,不管孩子的理由多么充分,打人就是不对。

家长应该让孩子认识到自己的错误,主动给被欺负的小朋友道歉,让他明白给对方赔礼道歉是他自己应做的事情。

对于3岁的孩子来说,部分孩子已经有了基本的能力判断是非,语言能力也有所增强。因此,当孩子犯了错,家长不能一味地代替孩子道歉,而应该把道歉的权利还给孩子,让孩子勇敢地承担起自己应该承担的责任。

还有一些家长担心孩子自己道歉会伤害他的自尊心,让他受委屈,于是就代替他道歉,让他做局外人。

殊不知,这样做时间长了,孩子不但不会认识到自己的错误,还觉得自己做错事让家长来道歉很正常。就算家长在事后对孩子进行批评教育,孩子也会觉得这没什么,只要家长一句话就能解决问题。

因为孩子犯错的代价太小甚至没有代价,所以,下次他很可能还会犯同样的错误。

因此,家长要及时改变自己代替孩子道歉的错误做法,避免孩子在错误的道路上越走越远。

[情感引导]

1. 孩子道歉后要及时肯定

许多家长在要求孩子道歉时,习惯用强迫命令的口吻。比如,家长经常会说:"你做错了,你不知道吗?""知道不对,为什么不跟人家道歉?""快点给人道歉!"这样强迫孩子,孩子自然就不愿意道歉。

在孩子做了伤害他人的行为后,家长应该鼓励孩子说"对不起"。孩子说了"对不起"后,家长要及时对孩子的行为进行肯定,告诉孩子做得很棒。

2. 家长在跟孩子交流时要注意行为规范

家长平时在跟孩子交流的时候,要注意行为规范。

不小心碰到孩子后,要对孩子说"对不起";如果没忍住冲孩子发火了,也要在事后对孩子说"对不起……这样时间长了,孩子就知道"对不起"三个字该用到何处。当孩子不小心惹家长生气了,没准还能跟家长说一句"对不起"呢。

3. 家长要让孩子分清负责任和向人道歉是两码事

家长要让孩子明白,家长向人道歉是因为要负责任,但是家长并没有代替他道歉的义务。

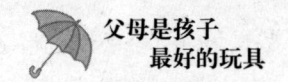

尤其当孩子犯了严重的错误时，由家长代替道歉是不能表示出诚意的。

家长要让孩子明白，道歉是因为他做错了事，而家长向对方道歉是因为没有看护好孩子。这样孩子就能感受到因为自己犯错而给家长带来了麻烦，以后做事就会考虑后果。

第七章

善良：
刚刚好的养育

现在社会上有这样一种言论："教孩子善良，就是害了他。"因此，许多家长教孩子善良都心有犹疑，其实教会孩子善良与教孩子保护自己并不矛盾。

善良的性格是孩子获得幸福的基础，所谓"得道多助""爱人者，人恒爱之"都是有道理的。孩子拥有一颗与人为善的心，在以后的人生道路上才会走得更远。

父母是孩子最好的玩具

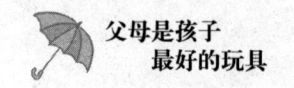

▶ 同情心的启发方法

虽然我们都是以个体存在的，但是生活中却离不开群体，而富有同情心是与人和睦相处的基本要素，对于孩子来说也是如此。

人之初，性本善。孩子天生就有同情心，家长要做的就是保护好孩子的同情心。

湾湾聪明伶俐，记忆力特别好，学东西很快，但他也有缺点，就是没有一点儿同情心。有一次，他和小伙伴远远一起玩，跑着跑着，远远一个不留神摔倒了，他不但不上去扶远远，反而在一边哈哈大笑。

而且，湾湾凡事总是先考虑自己，不但对外人不关心，甚至对家长也不关心。前一阵子，妈妈骑电动车下班时被汽车剐蹭了，住在医院里。爸爸带湾湾来看妈妈，但是湾湾言谈和眼神里没有一丝的安慰和同情，反而抱怨妈妈不能给自己做饭了,这让妈妈很伤心。

其实,这也不怪湾湾,他之所以这样,也跟妈妈扼杀他的同情心有关系。有一次,妈妈带湾湾去公园玩,看到一只受伤的流浪狗,湾湾让妈妈把流浪狗带回家,妈妈却说流浪狗有细菌,不能带回家。

平时,湾湾一旦想要去帮助别人,妈妈都觉得湾湾太小了,怕他受伤害就阻拦他。时间长了,湾湾就变得越来越没有同情心。

有同情心的人往往能够站在他人的角度看问题,甚至能够做到感同身受,然后向他人伸出援手。而缺乏同情心的人,往往不懂得关心他人,在看到别人有困难时不但无动于衷,甚至还会嘲笑。

拥有同情心对任何人而言都很重要,孩子也是如此。通常,富有同情心的孩子的人际关系会更加协调,而且成年后也能够更好地融入社会,获得他人的认可和帮助。

但话又说回来,为什么有些孩子缺乏同情心呢?

第一,孩子的需求没有得到满足,导致他的各种情绪也不能及时被接纳。所以,孩子就很难察觉出他人的情绪,也不容易产生同情心。

第二,家长对孩子做得太多,也是孩子没有同情心的原因之一。许多时候,家长把孩子原本该承担的责任替他

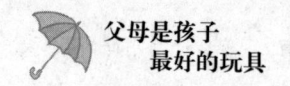

承担了，这在某种程度上会剥夺孩子的成长机会，让孩子觉得一切都是理所应当的。这样的孩子很容易自私，哪里还会顾得上他人。

第三，忽略孩子的情绪也会削弱他的同情心。孩子一哭闹，有的家长就训斥他，不允许孩子表达不良情绪，时间长了，就堵住了孩子发泄情绪的出口。而这种情绪总被孩子忽略了，就不容易产生同情心。

研究表明，孩子在1岁左右就会试图安慰别人；3岁左右看见他人痛苦，就会出于本能地表达同情，甚至抚摸他人以示安慰。所以，家长从小就要保护好孩子的同情心，尤其在孩子1~3岁同情心发展的第一个关键期，家长更要有意识地培养孩子的同情心。

[情感引导]

1. 不要扼杀孩子的同情心

许多家长不理解孩子的心理发育特点，有时候看到别的小朋友哭，自己的孩子也跟着哭，就开始训斥："你又没受委屈，你哭什么？"事实上，这是孩子在同情那位小朋友，被家长这么一训斥，孩子刚萌发的同情心就被扼杀了。时间长了，孩子会产生一种错误认知，觉得他同情别的小朋友是不正确的。

因此，家长在遇到孩子萌发同情心时，应该给予肯定和协助。比如，让孩子递纸巾给正在哭的小朋友，鼓励孩子安慰一下正在哭的小朋友，等等。这样既保护了孩子同情心的萌发，也教会了孩子表达同情的方法。

2. 引导孩子同情、关心小朋友

有的孩子看到别的小朋友不小心摔倒了，不但不去扶一把，甚至还站在旁边哈哈大笑。这时，家长要引导孩子去同情小朋友，说："哎呀，那个小朋友摔倒了，肯定很疼，上次你不小心碰到桌子上也很疼，对吧？"

孩子联想到了自己以前磕碰的经历，很容易滋生出同情心。

3. 教育孩子同情、关心家人

培养孩子的同情心，应该从教育孩子同情、关心家人开始。如果孩子不懂得同情、关心家人，也不要指望他去关心别人。

家长可以利用一些契机，比如自己生病时，可以启发孩子主动表示关心，给自己递个水果，安慰一下自己等。

当然，要想让孩子关心家人，家长平时也要给孩子做好示范。这样做能让孩子感受到来自家长的同情心，也有助于孩子同情心的滋长。

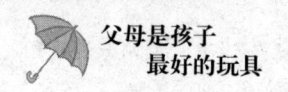

▶ 培养孩子的同理心

在生活中，我们经常会发现这样的情况：爸爸有些不舒服，孩子还非要拽着爸爸陪他玩；妈妈下班累了，孩子还要求妈妈给自己做好吃的；爷爷腿脚不方便，孩子非让爷爷陪他去踢球……这些，都是孩子缺乏同理心的表现。

又到周五了，这是哲哲妈妈每周里最忙碌的一天，因为这天单位要组织学习会，总结一周的工作情况，所以要加班。

好不容易下班了，哲哲妈妈回到家都九点多了。她本想着赶紧洗漱完休息一下，但是哲哲却要求妈妈给他讲故事，讲完了故事还要求妈妈陪他看动画片。

尽管妈妈已经多次表示自己有点累了，明天再陪他，但哲哲就是不同意。

第二天吃过早饭，哲哲忽然想要踢球，就要求爸爸陪他玩。可是爸爸的腰扭伤了,大夫嘱咐他这几天不能做剧烈运动。爸爸就告诉哲哲:"乖孩子,等爸爸腰好了再陪你踢球好不好?现在我的腰实在太疼了,那天医生说了……"爸爸一边说,一边捂着腰。

可是哲哲却听不进去,大声嚷嚷:"不行,我就想现在踢。"爸爸说:"可是爸爸的腰真的很疼……"还没等爸爸说完,哲哲就把爸爸拉出了门。爸爸实在拗不过哲哲,只好忍着腰疼陪哲哲玩。

生活中,我们会发现许多孩子都非常自私,不会考虑他人的感受,更不懂得体谅他人。虽然3岁的孩子年龄还小,但这并不是孩子自私、冷漠的借口。孩子不会考虑他人的感受,就是没有同理心的表现。

许多人会觉得同理心就是同情心,实际上,两者并不同。同情心是看到他人的状况自己产生的共鸣,而同理心则是将他人的感受转化成自己的感受。比如,孩子看见别人摔倒了,觉得他可怜就是同情;如果把他扶起来,还帮他揉揉,就是同理心。

心理学家研究表明,2岁左右是孩子同理心的萌芽阶段,3岁时会表现得更加明显。而且,心理学家还指出,孩子同理心的发展状况与家长对孩子的教育方式有很大关系。家长越早引导孩子去理解他人的感受,孩子的同理心

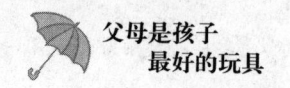

就越强。但是在生活中,许多家长都忽略了这个环节,而把主要精力放到了照顾孩子的生活起居上。

可以毫不夸张地说,有些孩子就是被家长宠坏了,一切都以孩子为中心围着转,但就是不提醒孩子考虑他人的感受,不要求孩子体谅他人。

比如,一家人出去吃饭,就只按照孩子的喜好点菜;想要去哪里游玩,都是以满足孩子的需求为主。这些都是造成孩子不懂得体谅他人的重要原因。

还有的孩子明知道别人不愿意或不舒服,但还是置他人的境况于不顾,要求他人按自己的要求来。这种想法对孩子的成长以及人际关系的发展非常不利,所以,家长在疼爱孩子的同时,也要加强对孩子的思想道德教育。

[情感引导]

1. 利用游戏教孩子学会换位思考

在游戏中教育孩子会有事半功倍的效果,尤其对年幼的孩子来说更为有效。周末,家长不妨跟孩子一起做游戏,让孩子学会换位思考。比如,家长跟孩子互换身份,让孩子做一天"家长",告诉他做家长要扫地、拖地、洗衣服、整理房间等。

孩子在做家务的过程中,家长可以进行指导,但是都要由孩子自己来完成。通过实践,孩子就会体会到家长平时有多辛苦。当孩子学会了换位思考,能够考虑到他人的感受时,就不会再向家长提那么多无理要求了。

2. 以其人之道,还治其人之身

有的孩子从来不体谅他人的辛苦,动不动就麻烦他人。对于这样的孩子,家长不妨试试"以其人之道,还治其人之身"。

比如,孩子平时洗脸不拿毛巾,去幼儿园不拿课本,出去玩不带玩具等,总是让家长一趟趟送。

过后,家长可以试试让孩子也体会一下被麻烦的感觉。比如,在洗头时让孩子帮忙送一下护发素;洗完脚后让孩子送一下拖鞋。当孩子觉得烦时,家长就要趁机教育孩子,做事前要考虑周全,不要遇事就麻烦别人,这样会浪费别人的时间,让别人觉得烦。

有了上述体会,孩子就很容易理解家长说的话了。

3. 通过适度的冷落以示惩罚

孩子平时不会考虑他人的感受,这样的习惯并不是一朝一夕就能够改掉的,家长要根据孩子的不同表现,采取不同的方法进行教育。

比如,有的孩子特别爱无理取闹,换位思考方法可能

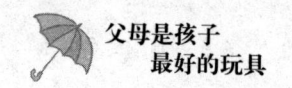

并不适合。当孩子没完没了地纠缠、提出无理要求，给他讲道理又不听时，家长就可以对他置之不理，冷落他。孩子感受到了自己被忽视，就会反思自己是不是太过分了。

直到孩子受不了一直被冷落，主动认错了，家长就可以趁机对他进行教育，让他明白爸爸妈妈之所以不理他，并不是不喜欢他，而是因为他没有考虑他人的感受，只顾着自己了。

当孩子认识到错误后，家长要适时地对孩子进行言语和行动上的肯定。

4. 为孩子提供锻炼同理心的机会

培养孩子的同理心，需要家长平时在生活中为孩子提供机会。这样可以让孩子在帮助他人的过程中站在他人的角度想问题，激发孩子的同理心。

比如，爸爸因为太累在沙发上睡着了，妈妈可以提醒孩子："爸爸在沙发上睡着了可能会着凉，给爸爸盖个小被子吧！"妈妈一提醒，孩子就会积极行动，给爸爸盖上小被子。

如果家里的花需要浇水了，家长可以对孩子说："小花口渴了，你想想自己平时口渴了是不是很难受啊？快给小花喝点水吧！"这样，孩子就能从照顾小生命中体会到他人的感受，提升同理心。

滚开，暴力君

许多家长常常把2～3岁孩子的暴力行为看成是不懂事，甚至觉得很可爱。还有些家长面对孩子打人的行为时，会觉得孩子很勇敢，以后不会吃亏。

殊不知，孩子爱打人的行为如果不及时纠正，孩子就会视之为正常，时间长了后果不堪设想。

山山平时比较霸道，跟小朋友一起玩的时候，争抢玩具抢不过就会动手打人。对此，山山妈妈总是轻描淡写地说一句："宝宝别打人，打人不好。"从来也不教育和惩罚孩子，还暗暗觉得山山这样上了幼儿园不会受人欺负。

转眼间，山山就上了幼儿园。谁知道山山刚去了三天，妈妈去接山山放学时，老师就向她反映说山山在幼儿园里经常动手打其他小朋友，老师去劝阻他，他甚至动手打老师。

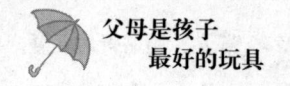

听老师这么说，山山妈妈这才意识到山山这种行为的严重性，她很后悔当初没有早点儿帮助孩子改掉打人这一坏习惯。

其实，要想纠正孩子打人的坏习惯，就要先了解孩子喜欢打人的原因。

许多孩子有着强烈的表现欲，为了吸引他人的注意，就故意做出一些暴力动作来博得关注。比如，打别的孩子一下，揪一下妈妈的头发，踢一脚家具，等等。还有的孩子喜欢打人，是模仿了他人的动作。

1～3岁的孩子正是模仿行为的关键时期，如果看到他人动手，或者看到电视节目中有暴力行为，就会去模仿。

此外，有的孩子喜欢打人是因为语言表达能力不强，一旦受到别的孩子的语言攻击，无法用语言还击的时候，就容易采取暴力行为来保护自己。

除了上面介绍的一些原因，家长的教养方式不当也是孩子出现暴力倾向的一大诱因。

有的家长对孩子过于娇惯，不论孩子提什么要求都会在第一时间满足，这样的孩子一旦遇到一点儿不顺心的事情就会肆意发泄。但是，家长常常觉得孩子还小，长大就好了。事实上，这样的孩子长大后也不会去控制自己的情绪，遇到不顺心的事情就容易用暴力去解决。

因此，控制孩子的暴力行为，必须从孩子小的时候做起。

[情感引导]

1. 根据孩子的年龄特点进行纠正

家长纠正孩子的暴力行为，应该根据孩子的年龄特点进行。孩子只有1岁左右时，总是喜欢掐人、抓人，那么先别给孩子的行为贴上暴力的标签，要让孩子多玩一些玩具，用小手抓捏着玩。如果孩子有了打人的动作后，要握住孩子的小手转移他的注意力。

而3岁左右的孩子打人已经开始带情绪了，这是想趋利避害。家长在发现孩子打人的时候不要大声斥责，而是应该跟孩子好好沟通，让他把自己的不满情绪告诉自己，或者告诉孩子发泄不良情绪的正确方法，让孩子明白暴力解决不了任何问题。

2. 多鼓励孩子表达自己的意愿

3岁的孩子虽然语言表达能力不强，但是家长也不要忽略孩子的表达意愿。要知道，良好的语言氛围有助于提高孩子的表达能力。

家长平时要勤于跟孩子交流，给孩子表达自己需求和

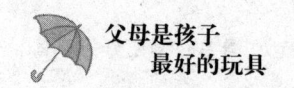

想法的机会，让孩子体会到表达的乐趣。

孩子一开始可能发音不准，比如把"好吃"说成"好七"，"枕头"说成"枕斗"，"大象"说成"大酱"，等等，家长不要去笑话孩子，而应该积极鼓励孩子说下去。这样时间长了，孩子的语言表达能力就能得到提高，同时他也会明白，遇事通过语言表达出来比用暴力要好得多。

3. 平时不要过分溺爱孩子

家长对孩子的过分宠爱也是孩子出现暴力行为的诱因。因此，家长遇事绝不能一味地迁就孩子，而要采用正确的方法来制止及纠正孩子的暴力行为。

4. 让孩子体验到他人的感情

教育心理学专家认为，攻击是人的一种本能，而这种本能需要靠道德来约束。

孩子在平时出现攻击他人的行为时，家长一定要告诉他："你打了对方，对方很疼，我不希望你这样，因为打人是不受欢迎的。"这样可以帮助孩子体验到他人的感情，也让孩子明白哪些行为是不受欢迎的。

孩子虽然小，但依然有获得他人喜爱的心理，知道了自己的行为不受欢迎，就会主动减少攻击他人的行为。

▶ **刚刚好的养育**

孝敬长辈是我们中华民族的传统美德，如果一个家庭中长幼有序、互相关爱，这种和睦、温馨的家庭氛围对孩子的身心发展会大有好处。所以，家长不要一味地对孩子付出，也要培养孩子的孝心，让孩子学会感恩。

京京虽然年龄小，却非常懂事。一次，爸爸下班回到家，京京突然跑到门口接过爸爸手里的包，还给爸爸摆好了拖鞋。爸爸高兴极了。

其实，京京这样做都是受到了妈妈的影响。

京京正处于爱模仿的年纪，看到妈妈平时这么做，她也就学了起来。妈妈看到京京这么懂事，就及时夸奖了她，并且告诉她，以后爸爸回来都由她来迎接。

京京很高兴地答应了。所以，爸爸每次回家，京京都会主动去帮助爸爸拿东西，给爸爸递拖鞋。

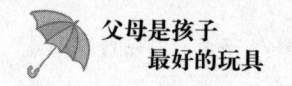

爸爸也会高兴地夸奖她。

周末的时候，妈妈带着京京去看望姥爷姥姥，还带了一些他们爱吃的点心。妈妈把点心递给了京京，让京京亲自交给姥姥姥爷。姥姥姥爷看到外孙女这么有孝心，高兴地连连夸奖京京懂事，妈妈也对京京竖起了大拇指。

在爸爸妈妈的鼓励下，京京每次去姥爷姥姥家都会提醒妈妈准备礼物。外出游玩的时候，也会记着给爷爷奶奶带一些小礼品回去。

现在的京京非常懂事，简直就是全家人的贴心"小棉袄"。

我们常常会听到许多家长抱怨，说自己对孩子是"捧在手里怕摔了，含在嘴里怕化了"，而孩子对自己却漠不关心，让人很郁闷。

对此，有的家长也许会说孩子还小，其实再小的孩子也有感恩的心。尽管许多家长都表明养育孩子不求回报，但是一个孩子如果过于自私、冷漠，那么他的人生也不会幸福。

其实，孩子之所以如此，正是因为家长对孩子无私的爱造成的。

虽然爱孩子是家长的本能，不求孩子有所回报，但是家长不教会孩子心存感恩，那么孩子就会觉得家长对自己的好是理所应当的。时间长了,孩子就会凡事以自我为中心,变得自私自利、目无尊长。

所以,做家长的应该反省一下自己。要知道,对孩子付出也要讲究方法,"不求回报"固然伟大,但是对孩子的成长却不利。只有让孩子从小学会关爱他人,懂得感恩,懂得孝顺长辈,孩子才会健康快乐地成长,才能更好地体会爱与被爱。

[情感引导]

1. 从小事入手培养孩子孝敬长辈的习惯

家长要求孩子孝顺长辈,可以从日常生活中的小事着手。比如,当长辈劳累或身体不舒服时,要让孩子问候一下表示关怀,甚至可以帮长辈捶捶背;当看见家人都在忙,可以让孩子主动帮忙,哪怕是吃饭时帮着摆放筷子。

此外,节假日也是教导孩子孝敬长辈的良好契机。比如,春节收到爷爷奶奶或者其他长辈送的礼物要表示感谢,并妥善保管。父亲节、母亲节,让孩子对家长说一些感谢的话,甚至可以引导孩子准备一些小礼物。这样时间久了,孩子就会养成孝敬长辈的好习惯。

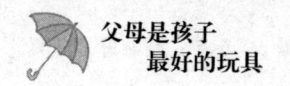

2. 让孩子感受孝敬父母时的幸福感

孝敬应该是发自内心的,所以家长不要命令式地教育孩子去孝敬自己或其他长辈。要知道,只有在融洽的氛围内让孩子自觉地表达孝敬之心,孩子才能做到打心底里孝顺长辈。

一旦孩子表达了自己的孝心,家长应该表现出欣喜和满足感,对孩子表示感谢,鼓励孩子的行为,让孩子觉得孝顺是快乐的、幸福的。如此,孩子就能把孝敬当成一种美德。

3. 家长要给孩子做出榜样

要想让孩子孝顺长辈,家长平时就要给孩子做出榜样。家长平时做决定时要多询问老人的意见,吃东西前要先给老人,天气凉了要及时劝说老人添衣服,平时在生活中也要经常对老人嘘寒问暖。

家长对老人的关怀,孩子会看在眼里,记在心中。而一旦看到孩子有孝顺的行为,家长就要及时给予鼓励,强化孩子的行为。

4. 适当在孩子面前"示弱"

在许多孩子的心中,家长是无所不能的。但为了培养孩子的孝心,家长也要适当地在孩子面前"示弱",勾起孩子的同情心,给孩子孝顺的机会。

比如,假装拿不动背包,让孩子帮自己拿;假装很累,让孩子给自己揉揉肩:假装很口渴,让孩子给自己端水……

总之,要让孩子给予、付出,懂得家长对自己的关爱是一种恩惠,而不是理所应当的。这样,孩子才会想着也要回报家长。

▶ 让孩子学会主动帮助别人

生活中我们会发现,许多孩子在看到别人遇到困难时,不会主动去帮助。

其实,这并不是孩子没有同情心,而是孩子不知道如何帮助别人。这需要家长耐心地对孩子进行引导,让孩子学会如何帮助别人,并在帮助别人的过程中获得快乐。

文文和梦梦一起在小花园里玩,玩着玩着就快到中午了。文文想要脱掉外套,但是她的外套太紧不好脱,她脱了好长时间也没有脱下来,急得出了一头汗。

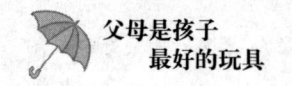

看到文文那么着急，梦梦却只是看着，无动于衷。其实，只要她帮忙稍微拽一下文文的外套，文文就能顺利脱掉。很显然，梦梦不知道如何帮助别人，只是站在那里任凭文文干着急。

不远处的梦梦妈妈发现了这一幕，她过来告诉梦梦："你应该帮助文文，让文文早点儿脱掉外套，这样你俩还能多玩会儿。"妈妈说完，指导梦梦帮助文文把外套脱了下来。

文文脱了外套，又和梦梦开始玩起来。一旁的文文妈妈提醒文文："梦梦帮助了你，你应该说什么呢？"

"谢谢！"文文赶忙对着梦梦说了一句。梦梦不好意思地笑了笑，心里美极了。

梦梦妈妈趁机告诉梦梦说："小伙伴之间要互相帮助，有时候只是一次举手之劳，就能给别人带来很大的方便。所以，人人都应该帮助别人，而且帮了别人自己也会快乐的。"

梦梦听后点了点头，对妈妈的说法表示认同。

生活中，有些家长对孩子非常溺爱，却忽略了如何从情感上给孩子爱抚、体贴，忽略了教会孩子与他人相处的方法，造成孩子不懂得怎样去关心他人、帮助他人。

比如，有的孩子不愿意去跟他人分享自己的东西，因为他觉得一旦分享了，自己就没有了。

孩子之所以会这么想，是因为许多家长在教育孩子的过程中，把主要精力放在了照顾孩子的身体上，却忽略了对孩子的思想品德教育。这样时间长了，孩子的情感体验就会比较贫乏，在情感上会出现迟钝、冷漠的状况，这样孩子在看到他人遇到困难时自然想不到去帮忙。

所以，家长除了要照顾好孩子的身体，还应该注重对孩子进行思想品德教育。要让孩子明白，只有为他人着想，在他人出现困难时及时伸出援手，自己有困难时才能得到他人的帮助。

[情感引导]

1. 引导孩子多观察助人为乐的事情

在生活中，每天都会发生许多助人为乐的事情。作为家长，要引导孩子多观察这些事情。比如，有人扶老人过马路，有人帮他人捡起掉在地上的东西。

家长可以详细叙述一下这些人帮助他人的前后过程，被帮助的人会获得哪些益处，避免了哪些问题，让孩子知道帮助他人的作用之大。同时，要让孩子明白，帮助了他人自己也会很快乐。

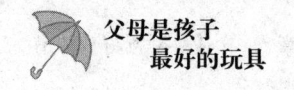

这样在潜移默化中，助人为乐的事情就会是孩子最好的学习素材，社会会成为孩子学习助人为乐的最好课堂。

2. 要积极鼓励孩子助人为乐的行为

孩子的认知能力比较低，社会经验也少，这就需要家长多在认知上给予孩子帮助，平时在生活中多给孩子指导。比如，妈妈喝水不小心洒了，孩子及时取了餐巾纸递给妈妈；奶奶坐久了起不来，孩子主动去搀扶奶奶；爸爸的文件掉地上了，孩子主动帮忙捡起来……如此种种行为，家长要对孩子给予表扬。

当孩子告诉家长自己做了什么帮助他人的事情，家长也要及时对他的行为进行肯定。要知道，家长的肯定和鼓励，就是孩子养成助人为乐好习惯的最佳催化剂。

3. 利用移情作用使孩子学会帮助别人

在孩子的眼中，花鸟鱼虫等动植物跟人一样都有思想和感情，因此，我们常常会看到孩子跟动物、植物说话。

家长可以利用孩子的这种思想，鼓励孩子关爱植物、动物，如给植物浇浇水，给动物喂点吃的。孩子有了这种行为，慢慢地，对他人也会产生怜爱、关心。

所以，家长指导孩子养育花草、饲养小动物，就是利用移情作用促使孩子养成关心他人、帮助他人的好习惯。

4. 要正确对待孩子的群体生活

有的家长在生活中无视孩子自私、霸道的行为，使得孩子不懂得关心、帮助他人，在群体中不受欢迎。时间久了，孩子会比较孤僻，这对孩子个性的发展很不利。

事实上，孩子有了与他人交往的需求，家长就要鼓励孩子加入群体生活。

孩子刚开始跟同伴在一起的时候，也许会出现争吵、打架、抢玩具等行为。

对此，家长应该及时予以纠正并借机告诉孩子，在群体生活中要注意团结、关心小伙伴，在小伙伴遇到困难时要尽力给予帮助，这样会更受欢迎，更容易融入群体。

第八章

开朗：
拥有表达力，人生不费力

现在社会对人的适应能力要求越来越高，一个人如果具有开朗的性格，往往在处理复杂多变的事情时就会游刃有余。

调查显示，开朗的性格对孩子将来的人生具有重要意义。开朗的人不仅生活幸福，事业也更容易获得成功。所以，家长要从小培养孩子的开朗性格，让孩子拥有一个更为顺利的人生。

▶ 让孩子爱上表达

在生活中，许多2～3岁的孩子不擅长表达，也因此在跟其他小伙伴的交往中经常会出现矛盾。

张口说话是社交必不可少的条件之一，所以，家长要想让孩子多交朋友，就要教会孩子如何表达。

星星平时有点口吃，因为害怕别人取笑他，所以他很少开口说话，小伙伴问他什么问题时，他也经常不回答。

有一次，妈妈带星星去姥姥家给姥姥过生日，小姨和舅舅都带着孩子去了。姥姥让三个孩子表演节目，每人背诵一首唐诗。小姨和舅舅的孩子分别背诵了《悯农》和《登鹳雀楼》；轮到星星时，他就是不肯张嘴。

妈妈鼓励道："星星，你不是会背《咏柳》吗？"但星星还是不开口。小姨家的华华指着星星说："姥姥，他结巴，不敢说话！"妈妈害怕这会给星星留下心理阴影，

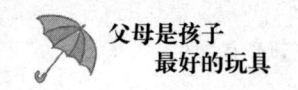

急忙说:"星星是没准备好,下次肯定行!"

从那以后,妈妈经常跟星星交流,并且鼓励他多去主动跟别的孩子交往,要敢说、想说。最后,在妈妈的不懈努力下,星星终于改掉了结巴的毛病,敢说话了,性格也开朗了。

生活中,像星星这样不敢表达的孩子不在少数。那么,孩子为什么不爱说话呢?

一方面,是因为孩子出现了语言障碍。我们都知道,孩子说话有两个基本条件,一是有说话的愿望,二是能够接受足够多的语言信息。如果这两个条件不具备,孩子就会选择沉默。

缺乏说话愿望的孩子,往往是因为家长对他的照顾太周到,什么都替孩子着想。这样时间长了,孩子会觉得他不说话一样可以达到目的,就没有开口表达自己想法的意愿了。

还有的孩子不敢张嘴说话,是因为他没有接收到足够多的语言信息。因为家长很少让他与外界接触,他没有可以倾诉和倾听的对象,无法接收到足够多的语言信息,因此变得无话可说。

另一方面,有的孩子在家里话很多,可是到了幼儿园,面对老师和同学就会沉默起来,这时候的不善表达就是受了心理和精神因素的影响。当孩子在陌生的环境中还没有获得足够的安全感,没有得到他人认可的时候,就会变得沉默。

所以,家长要想改变孩子不开口说话的坏习惯,一定要分析原因,看孩子是因为什么不愿意表达。

[情感引导]

1. 在游戏中丰富孩子的语言

游戏是孩子的日常活动之一,所以,家长不妨寓教于乐,让孩子在游戏中提高表达能力。

比如,家长可以根据孩子的爱好设计一些角色,跟孩子一起玩角色扮演游戏,让他沉浸在角色中产生表达的欲望。比如,让孩子扮演主持人,进行简短的报幕表演;或者让孩子扮演售货员,向父母推售商品。此外,还可以让孩子扮演小主人,家长扮演客人,让孩子练习如何待人接物。

这样,通过不同的角色扮演游戏,可以让孩子了解在不同的场合需要不同的表达方式,从而提高自己的表达能力。

2. 让孩子讲述自己熟悉的内容

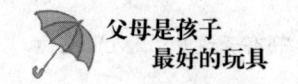

培养孩子的表达能力,还可以从他熟悉的内容入手。近期孩子喜欢看动画片,家长就以此为出发点,跟孩子一起看动画片,引导他把动画片的内容讲出来。

比如,家长发现孩子最近爱看《小猪佩奇》,就可以问问孩子动画片讲的是什么内容。如果孩子暂时不能完整表述,家长可以给孩子稍加提示。

3. 不要逼孩子说话

孩子平时在家或者其他熟悉的场合能够说话自如,但是在人多的场合或陌生环境里不敢说话,那么,家长就不用担心这是孩子的表达有问题,不要逼迫孩子跟他人打招呼,否则更会引发孩子的负面情绪。

家长可以引导孩子慢慢熟悉环境,了解孩子是因为什么不愿说话的。找到了原因,然后有针对性地予以解决,就能激发孩子的表达愿望。

4. 让孩子回答高兴的问题

有的孩子本身性格内向,不善言谈。这时候,家长可以通过提问的方式引导孩子开口说话。

在用这个方法时,家长要多问一些孩子高兴的事,不要提让孩子沮丧的问题。比如,妈妈问孩子:"你今天为什么哭啊?""你为什么不想跟盼盼一起玩?""你今天是不是被罚站了?"这些问题孩子躲还来不及呢,当然就没有表达的欲望了。

如果家长多跟孩子说高兴的事，比如说："听说老师今天表扬你了。""周末想去哪里玩呢？""你喜欢的布娃娃是什么颜色的？"这样的问题，孩子很乐意回答，如此，孩子说话的积极性也会被调动起来。

▶ 别让害羞害了孩子

许多家长在养育孩子的过程中，都会发现这样一个现象：那就是自己家的宝贝在家里爱说爱笑，一走出家门或者是有陌生人来到家里，孩子就特别害羞，小脸涨红，不敢说话了。

燕燕平时在家爱说爱笑，但是一见到陌生人她就变得忸忸怩怩，有时人家跟她说句话，她小脸就会瞬间涨红，紧张得半天也说不出话来。

有一次妈妈带燕燕下楼玩，楼下的一位叔叔跟她打招

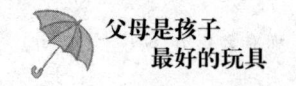

呼，她吓得头都不敢抬，躲在了妈妈身后。

妈妈让她跟叔叔打招呼，她紧紧拽着妈妈的衣角，就是不肯张口，也不肯回答叔叔的问话。

不只是在外面会害羞，燕燕在学校也特别腼腆。老师跟燕燕妈妈反映，说燕燕平时在班级里很"安静"，老师为了鼓励她，上课总是点名让她回答问题。可是燕燕表现得很腼腆，说话声音也特别小。

孩子之所以会出现这种现象，是有一定心理原因的。家长不能不分青红皂白地呵斥孩子，这样不但无法让孩子变得大方，反而会适得其反。要想解决孩子害羞的问题，家长还须弄清楚孩子的害羞心理是如何出现的。

随着年龄的增长，孩子的自我意识也会慢慢增强，他希望别人对自己有好的评价，所以特别在意自己在别人心中的印象，因此在外人面前会表现得腼腆、害羞。

还有一些家长因为平时较少关心孩子，或者讨厌孩子吵闹，就让孩子看电视、玩手机以此来打发时间。孩子缺乏与外界接触的机会，缺乏与他人交往的经验，看到陌生人时自然不知道如何去面对。

另外，缺乏安全感也是孩子在陌生人面前局促不安、不敢说话的重要原因之一。

孩子在陌生人面前害羞、腼腆，如果不加以引导，就会形成社交障碍，失去与他人建立友谊的可能，变得孤独起来。因此，家长在了解了孩子产生害羞心理的原因后，要积极寻找有效的解决办法。

[情感引导]

1. 循序渐进地帮助孩子树立与人交往的信心

家长平时应对孩子的每一点儿进步都加以鼓励和赞美，以增强孩子与人交往的信心。

当有客人来到家里时，家长可以让孩子坐在旁边，大人之间先交谈，给孩子足够的时间去观察和熟悉客人。交谈时，可以对客人多夸夸孩子平时的好行为，对方肯定会夸赞孩子懂事。

孩子看到对方喜欢他，自然很欣喜，进而愿意与对方亲近和交谈。

2. 多给孩子提供与他人交往的机会

家长要有意识地多让孩子与小朋友一起互动做手工活动，多跟小朋友一起做游戏等，以培养孩子开朗的性格。此外，家长还可以经常带孩子到公众场合去，让他有机会接触更多的人，学习并体验被人接纳的经验。

如果孩子表现得好，家长就要给予奖励。

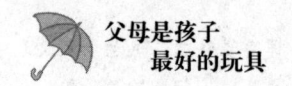

3. 等孩子与陌生人熟悉后再让他们接触

家长带孩子去朋友家做客时,在把孩子介绍给对方后,也要把对方介绍给孩子认识。然后,家长有意识地安排孩子与对方互动。与陌生人磨合的时间长了,孩子就不那么害怕了,害羞心理也会得到缓解。

但家长要注意,这个年龄段的孩子一般不喜欢陌生人抱自己、摸自己,千万不能在刚见面时一点儿铺垫都没有的情况下,突然将孩子交给陌生人抱。这样会加重孩子的戒备心理,让孩子更紧张,甚至大哭。

所以,家长带着孩子可以先跟对方打招呼、谈谈话,等孩子跟对方熟悉后,才允许对方摸摸孩子的小手,或者抱抱孩子。

4. 在孩子去见陌生人之前先让他做好准备

对待害羞的孩子,家长在带他去陌生的环境接触陌生的人之前,最好让他有一定的心理准备。

比如,在路上,家长要告诉孩子一会儿要到哪里去,让他知道那里的大人或孩子的名字,可以玩的游戏,等等。然后,家长最好告诉孩子到那里以后怎样跟别人打招呼,或者对方打招呼时应该怎样回应。

当孩子有了心理准备后,就会放松一些,与陌生人接触起来就不那么害羞了。

▶ 成长离不开分享

3岁的孩子因为年幼，常常表现得很"小气"。比如，他喜欢吃的东西不会分给家长；就是带他出去玩，他跟别的小朋友也是相互抢玩具，不懂得分享。这需要家长的正确引导。

周末，李阿姨带女儿朵朵去西西家里做客。西西正在客厅里玩拼图，看到朵朵进来，他赶紧收起了拼图，躲在自己的房间里不出来。

妈妈招呼西西把自己的拼图拿出来跟朵朵一起玩，西西就是不答理。没办法，最后妈妈硬是把西西拉了出来。

两个孩子坐在一起玩拼图，可是朵朵刚拿起一个拼图，西西就大喊："这是我的。"朵朵也不甘示弱，使劲抢。西西就是不松手，而且不依不饶："这是我的。"李阿姨急忙上前把两个孩子拉开了。

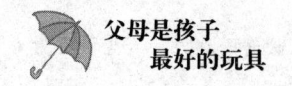

西西妈觉得孩子没有礼貌,就训了西西一顿。顿时,西西躺在地上打起滚来,让西西妈很是尴尬。

有句话说:"3岁前的孩子,10个有9个是吝啬的。"这话说得没错。

刚刚几个月大的婴儿,是不会与人分享的;9个月大的婴儿,在他高兴的时候可能会将自己的糖果让给别人,可是当别人真的咬上一口时,他马上会号啕大哭;2岁大的孩子可能会把自己的玩具送给别人,但你别以为这是因为他懂得慷慨,而是他只不过一时心血来潮,或者是他根本不喜欢这个玩具而已。

总之,孩子在3岁以前通常不会主动与别人分享东西,尤其是自己心爱的东西。

孩子不喜欢将心爱的东西送给别人,一般情况下有几个原因:首先,孩子由于年龄过小,往往还搞不清楚"你的""我的"这种物品所有权概念,他小小的脑袋认为,我喜欢的就是我的,自然不愿意分享。其次,要与人分享的东西对孩子而言有特殊意义,他特别喜爱,所以不愿意分享。最后,孩子不愿意把心爱的东西与别人分享,跟家长的教育也有关系。

有些家长特别溺爱孩子,孩子吃东西的时候,家长习惯性地把最好的东西给孩子一个人吃,孩子偶尔想跟家长分享,家长还会说"我不吃"。时间长了,孩子就有了吃"独食"的习惯。

面对上述情况,家长要做的不是责骂孩子小气,而是要从心理原因入手,帮助孩子解开心中的"结",让他变得大方起来。

[情感引导]

1. 让孩子在交往中学会分享

家长可以经常带着孩子去邻居、朋友家串门,并让孩子带上自己的玩具,适时鼓励孩子与其他同龄孩子相互交换玩具玩,从中感受分享的快乐。

当孩子不愿意与他人分享自己的玩具时,家长要注意教育方式,不要用严厉的话语让孩子在"被强迫"中与他人分享,进而让孩子产生不愉快的体验。否则,孩子很难体会到"分享是快乐的"这句话的意义。

2. 家长要用自身行为影响孩子

家长平时可以给孩子讲一些有关分享的故事,或者陪孩子玩分享游戏。在家庭中,不管是好吃的还是好玩的,爸爸可以主动分享给妈妈和孩子,而妈妈也可以主动分享给爸爸和孩子。

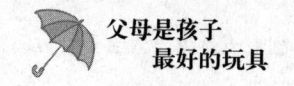

时间久了,这样的好行为就能影响孩子。

3. 给孩子提供分享的机会

要想让孩子学会分享,家长就需要为孩子提供与人分享的机会。

比如,妈妈买来几瓶酸奶,不要告诉孩子这些都是他的,而是让孩子亲自把酸奶分享给家庭成员;爸爸和孩子一起玩积木时,爸爸说这所房子缺一块积木,就向孩子借。

家长只有经常让孩子练习"分享",并且肯定孩子的分享行为,让孩子产生愉悦的体验,孩子才会越来越愿意分享。

▶ 这样教孩子打招呼

许多家长发现,孩子外出遇到熟人时通常不愿意打招呼。实在躲不过去了,就在家长的逼迫下,不情不愿地问一声"叔叔好""阿姨好"等。

其实,这是孩子的人际交往出问题了,家长应该利用正确的方法教会孩子跟人打招呼。

萍萍是一个活泼好动的孩子,语言表达能力很好,也喜欢跟小朋友交往。但有一个问题,就是她特别反感跟家里以外的长辈打招呼。

萍萍家住在爸爸单位的宿舍楼里,所以平时进进出出的都是熟人,从萍萍很小的时候开始,爸爸妈妈就鼓励她问爷爷奶奶、叔叔阿姨好。2岁前,萍萍还基本能够开口问好,但是现在越大反而越不懂事了,每次让她问好,她就会扭过头去,甚至通过大喊大叫表示反抗。

星期天,妈妈带着萍萍去公园,在楼下碰到了几位邻居。妈妈热情地跟他们寒暄,并示意萍萍打招呼。萍萍却两眼盯着地上,丝毫没有反应。

妈妈忍不住说:"乖,快问叔叔阿姨好!"萍萍紧闭着小嘴,仿佛没听见似的。

妈妈有些难为情,真是弄不明白,女儿活泼外向,跟小朋友玩得也不错,可为什么见了长辈不愿意打招呼呢?

见面相互问候,是建立和谐人际关系的前提。毕竟,无论是大人还是孩子,都喜欢热情跟自己打招呼的人。但对于3岁的孩子来说,这似乎有点儿难。

那么,2～3岁的孩子为什么不喜欢跟他人打招呼呢?

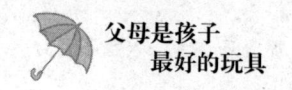

因为这个阶段的孩子出门都是由大人带着,他潜意识里认为,打招呼是大人需要做的事,而小朋友无须做。

有的家长带孩子出去一看到熟人,立马就命令孩子说:"快问叔叔阿姨好。"要知道,孩子并不喜欢这种命令式的口吻,这会让他觉得自己是被迫的。

还有的家长觉得孩子不跟人问好让自己很没面子,从而斥责孩子。这样就更加重了孩子的心理负担,当以后再跟人打招呼时就会变得抵触。

有的孩子天生害羞,对陌生人有抗拒感,在遇到不认识的人时自然不乐意打招呼。还有的孩子不愿意跟人打招呼,则是因为不知道怎么去打招呼。

跟他人打招呼是一种生活习惯,家长要在生活中友好地跟他人打招呼,为孩子做出榜样,让孩子自然地模仿。

[情感引导]

1. 把孩子当成一个独立的个体

家长在遇到熟人时,要正儿八经地把孩子当成大人看待,然后像介绍大人那样介绍孩子。等孩子对他人有了基本了解后,感觉熟悉了,他自然会主动对他人表示问候或者欢迎。

如果家长介绍完孩子后，孩子对他人依旧爱搭不理，家长也不要说孩子不懂事或者不乖，而要适时地替孩子解围："瞧这个小家伙，光顾着自己玩了。"

2. 先让孩子学会跟特定的人打招呼

对于3岁的孩子来说，如果他本身就喜欢跟人打招呼，那么就不要强求他跟遇见的所有人都打招呼，可以让孩子跟熟悉的、特定的成年人打招呼。

比如，让孩子跟经常在一起玩的小朋友的妈妈打招呼；家长经常去附近的超市买东西，那么就可以让孩子主动跟收银员打招呼。

如此，时间长了，孩子拥有了跟人打招呼的经验，自然也愿意跟陌生人打招呼了。

3. 教会孩子学说恰当的问候语

对于2～3岁的孩子来说，有时候之所以不跟他人打招呼，是因为不知道该怎么打招呼，不会说问候语。

这时，家长就需要教会孩子一些简单的问候语，比如"阿姨早上好""叔叔晚上好"等，让孩子知道在不同时间、不同场合打招呼的用语是不同的。

此外，还要让孩子体会到跟别人打招呼是一件愉快的事情。如果过分强调见人要打招呼，就会让孩子觉得打招呼是一项任务，从而产生逆反心理。

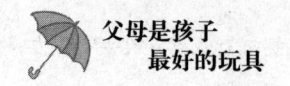

▶ 给孩子建立一个"朋友圈"

成年人往往都有自己的"微信群""朋友圈",在这些特定场合里,大家可以相互愉快地交流。

其实,孩子也要有自己的朋友圈,这样更利于培养孩子与人交往的能力。

亮亮每次跟小朋友一起玩都玩不到3分钟。

平时到楼下玩,亮亮喜欢带很多小玩具,但又不给别的小朋友玩,他也很少玩别人的玩具。即使偶尔抵不住诱惑玩了一下别人的玩具,只要人家玩他的玩具,他就马上停下去拿回自己的玩具。而且,他跟小朋友一起玩的时候,每次都是刚开始还好,不一会儿就会气哄哄地哭着找妈妈,弄得小朋友都不跟他玩了。

亮亮在幼儿园也是如此。老师跟亮亮妈妈反映亮亮不合群,下课后,别的孩子都成群地做游戏,就亮亮一个人喜欢坐在教室里。同学叫他一起玩，他也会去，但去了就孤零零地站在一边，一点儿都不活跃。

有一次，妈妈去幼儿园开家长会，看见其他同学都围成一圈儿玩游戏，只有亮亮独自坐在角落里。妈妈很是着急，但是又不知道该怎么办。

其实，亮亮妈妈的烦恼，也是很多家长的烦恼。

有些孩子在家里自己玩得挺好的，但就是跟其他小朋友玩不到一块去。有的孩子只喜欢黏着爸爸妈妈，还有的孩子总是站在旁边看别人玩，看得出他也想加入，但就是不敢迈出第一步。

其实，这些都是孩子不合群的表现。这样的孩子没有自己的朋友圈，性格相对孤僻，长此以往对孩子的心理健康和人际交往很不利。所以，家长要积极寻找原因，对症下药。

一般来说，造成孩子不合群的原因主要有以下几点：

一是孩子有自卑心理。有的孩子看到别人玩的游戏自己不会，就不敢加入；或者是自己说话结巴，害怕遭到他人嘲笑，所以就把自己孤立起来，有意识地回避跟他人说话。

二是孩子缺少跟他人交往的机会。有的家长对孩子保护过度，不允许孩子独自去跟他人玩，害怕孩子遇到危险

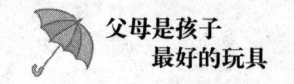

或者是被别人欺负。

三是孩子本身的性格问题。有的孩子被过分溺爱，养成任性、霸道的性格，在跟小朋友一起玩时，也常常会因为打人、欺负人等问题无法跟小朋友好好相处，被其他小朋友孤立。

找到了孩子不合群的原因，在帮助孩子纠正这一不良习惯的时候，就可以采取针对性的措施。

[情感引导]

1. 多为孩子提供与人交往的机会

家长在平时要多给孩子讲一些与人交往的基本原则，比如不许打人、咬人、抢夺他人手里的玩具等。然后，家长在生活中多为孩子创造一些与他人交往的机会。

比如，周末时家长可以带孩子去亲戚、朋友家里做客，或者邀请孩子的小伙伴到自己家里来做客。孩子去别人家做客，家长就要告诉他不许乱翻乱动别人家的东西，学着做一个懂礼貌的小客人；如果有小朋友来家里做客，就要提前告诉孩子怎样做一个懂礼貌又热情的小主人。

另外，家长还可以带孩子多去一些公众场合，比如公园，让孩子参与其他小朋友的游戏。

2. 强化孩子接受邀请的行为

不合群的孩子往往性格比较孤僻,所以,家长应该想办法让其他小朋友邀请自己家的孩子一起玩。如果孩子接受了,即使表现得很胆怯,家长也要及时鼓励他,促使他参与到集体活动中去。

如果孩子从被动接受他人的邀请,变成主动要求参加集体活动,家长更应该对孩子的行为给予肯定,强化孩子接受邀请的行为。

3. 教给孩子与人交往的基本礼貌用语

有的孩子融入不到集体,是因为语言表达能力不太好。面对这样的孩子,家长在生活中要有意识地教会孩子与人交往的基本礼貌用语。比如,"你好""谢谢""对不起""不客气"等。

这样的词语学会了,孩子与人交往时会更加顺畅,也有助于孩子加入到游戏中。比如,孩子想要跟其他小朋友一起玩游戏时,如果对对方说:"请问我可以加入你们吗?"这样比眼巴巴地在旁边看着只会说"我也想玩",更容易被人接受。在跟其他小朋友一起玩的过程中,如果碰到了对方要说"对不起";如果自己摔倒了,被对方扶起后要说"谢谢你"。这些简单的礼貌用语能帮助孩子加入到群体中,也有助于培养孩子讲文明的好习惯。

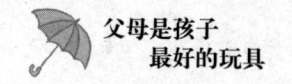

▶ 纠正孩子说脏话的坏习惯

在成长的过程中,好多孩子都说过脏话。而家长对待孩子说脏话的态度也不尽相同,有的认为无所谓,有的会很担心,有的会很严厉地斥责孩子。

这几种做法都不好,应该用正确的方法去教育孩子。

丫丫最近总是时不时地冒出几句脏话。一天,她正在地板上追着电动毛绒玩具狗玩。妈妈放在桌上的手机响了,就匆忙过去接电话,结果不小心踢翻了玩具小狗。丫丫特别不高兴,追过去一边打妈妈腿,一边说:"坏蛋。"

妈妈瞬间愣住了,甚至都顾不得接电话了,连忙问丫丫:"你刚才说什么?"

丫丫又大声重复了一遍:"坏蛋。"

妈妈听了很生气,板起脸就准备批评丫丫。

这时候,奶奶听见了却觉得好笑,还逗趣地问丫丫:

"你这是跟谁学的啊?"

丫丫看见奶奶笑了,也跟着咧开嘴笑,并且不停地重复"坏蛋"。妈妈让她别说了,她根本不听,还越说越起劲。

2~3岁的孩子往往还不知道说脏话的后果,"别人说,我也跟着说",是他说脏话最常见的原因。此时的孩子模仿能力很强,听到大人说脏话时,他往往并不知道是什么意思就会跟着学起来。

随着孩子上了幼儿园,接触到的人和事更加丰富,语言环境也会更加复杂。这时候,孩子虽然不能够辨别出哪些话不是好话,但是已经明白,一旦发现说脏话就能引起别人的注意。于是,有些平常不受关注的孩子,就会变得脏话连篇起来。

尽管生活中2~3岁的孩子说脏话的并不多,但是也确实存在。家长面对孩子说脏话的现象,必须给予纠正,否则会影响到孩子的人际交往。

[情感引导]

1. 孩子说脏话时家长不要笑

很多时候,孩子只是在试探,觉得其他小朋友说脏话

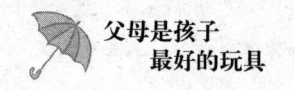

时被关注了,自己也要说出来看看家长是什么反应。

家长听到孩子第一次开口说脏话的时候,一定要控制住想笑的冲动。因为家长一旦笑了,孩子就会把这当成正面鼓励,反而会强化他说脏话的行为。

2. 家长平时应该为孩子做出表率

因为1~3岁的孩子正是学说话的时候,如果家长不注意自己的言行,让孩子受到不良影响,孩子也会开始说脏话。

当孩子第一次说脏话后,家长首先要反省自己,回想自己平时是不是因为急躁说了脏话,做了不好的示范。所以家长平时一定要注意自己的言行,为孩子做出好榜样。

3. 孩子说脏话的时候要立即纠正

孩子第一次说脏话,往往不是为了表达自己的情绪,而是无意间从外界学到的。这时候家长要当场指出,让他立即改正。

通常,家长可以这样告诉孩子:"妈妈知道你不是故意骂人的,可是你这样说,对方心里会很难受。骂人是特别不好的行为,妈妈希望你以后改掉这个坏习惯。"这样孩子不会产生逆反心理,容易接受。

4. 净化孩子周围的语言环境

很多时候,孩子说脏话是因为受了环境的影响,所以想让孩子改掉说脏话的坏习惯,净化孩子的生活环境很重要。

对于1～3岁的孩子来说,他的语言表达能力发展很快,喜欢模仿周围的人说话,而且有的时候,孩子甚至不知道自己说的话是什么意思。所以,当家长发现孩子说脏话时,要及时知道孩子是跟谁学的,在哪里学的,然后让孩子尽量不接触那样的环境。

▶ 社交课,孩子的必修课

许多家长发现,孩子特别喜欢串门,一旦带他去过一次别人家,他就还想去。

为什么孩子喜欢串门呢?其实,这是孩子交往需求的表现。

赫赫聪明活泼,平时他特别喜欢跟着妈妈到邻居茜茜家里串门。有时候即使妈妈不想去,他也会拽着妈妈的

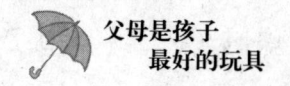

手，让妈妈带他去。

每次到了邻居家，赫赫都玩得特别开心，叫都叫不回来。妈妈觉得这样不好，会给邻居带来不少麻烦。可是妈妈不带他去，他就会大哭大闹。

这天妈妈下班后，陪着赫赫在小区里玩。过了一会儿，天已经黑了，再加上蚊子又多，所以大家都陆续回家了。

眼看楼底下就剩赫赫一个人了，妈妈正打算带赫赫回家，碰见茜茜妈妈下班回来了。茜茜妈妈随口说了一句："赫赫去我家玩一会儿吧！"赫赫听了，真的就跟着茜茜妈妈走了。

妈妈怎么叫赫赫都不回头。为了避免他哭，妈妈只好跟着他去茜茜家串门了。

人是群居动物，所以有交往的需求。每个人都会在与人交往中不断认识自我，大人是这样，孩子也是这样。

尤其现在的孩子很多是独生子女，家长的工作又都比较忙，顾不上陪孩子玩，所以孩子就觉得特别孤独，一有串门的机会就很想去。

即便是家长每天陪在孩子身边，也不能满足孩子与小伙伴交往的需求。因为与同龄小伙伴来往，也是孩子心理发展的正常需求。特别是现在的家庭大部分都住在楼房中，封闭的环境让孩子很少接触到其他同龄小伙伴，一旦孩子去别人家串门，就找到了跟同伴玩耍的乐趣，从此就会乐此不疲。

而且，此时孩子好奇心一般比较强，去别人家玩，看到别人家的布置、家庭成员、玩具、书籍等都会感到好奇，被强烈地吸引。

总之，孩子的童年需要同伴，这对孩子的交往能力也会有很大提升。所以，孩子喜欢串门并不是什么坏毛病，这是孩子成长过程中的正常现象。

[情感引导]

1. 串门前对孩子进行必要的提醒

有些孩子去别人家串门的时候，会因为一点点小事大哭大闹，让大人尴尬。面对这样的情况，家长应该在出门前对孩子进行必要的提醒。

对2岁以前的孩子，很多时候还不能直接用讲道理的方式来劝说，家长可以通过哄、抱对孩子进行引导；对2岁后的孩子，则可以采取讲道理的方式告诉他一些做客的注意事项。比如，到了别人家要怎么称呼对方，做客时要有礼貌，不能乱翻他人家里的东西，等等。孩子有了这样的思想准备，做客时会表现得很好。

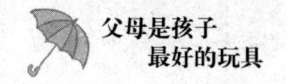

2. 关注孩子与陌生人的交往

有些家长带孩子去别人家做客时,只注重自己与他人的交流,却不重视孩子与他人的交流。其实,家长应该把孩子正式介绍给对方认识,如果对方家里也有年龄相仿的孩子,家长要让孩子询问对方家的孩子是否可以一起玩。

大人在一起交流的时候,还应该不时关注孩子,免得孩子间发生争吵。如果孩子间发生了争吵,要及时予以调解。

3. 鼓励孩子跟其他小朋友交往

根据孩子成长的心理特点,家长要正确地引导和鼓励孩子与其他小朋友交往。对爱到别人家串门的孩子,可以让他邀请小朋友到家里来玩,为他们营造一个良好的氛围,让孩子共同参与游戏,满足孩子交往的需求。

孩子在一起玩,往往会学到分享、谦让、讲礼貌等好习惯,语言表达能力、社交能力也都能得到显著提高。

4. 孩子串门不爱回家时家长要耐心劝导

当孩子去串门跟小伙伴玩得正高兴时,家长叫他回家,他会觉得很扫兴。这时家长不应该训斥孩子,而应该耐心地给孩子讲道理,让孩子明白下次还会再来。孩子理解了家长的话,就容易顺从了。